# 3歳までに やっておきたい 育児法 ベスト30

マルコ社編

# はじめに

子どもの可能性を広げてあげたい。能力や才能を伸ばしてあげたい。親ならきっと誰しもそう思うのではないでしょうか？　だから、さまざまな知育法に注目が集まり、関心を持つママも多いのだと思います。

　ただし、いざ知育法を試してみようと思っても、あまりにたくさんの方法・理論が出回っているので、何をどう取り入れたら良いものか、迷ってしまいます。横峯吉文さんが提唱するヨコミネ式、久保田競・カヨ子夫妻による久保田式、右脳教育の第一人者である七田眞さんの七田式などといった脳教育の数々。また英語教育ひとつ取っても、実にさまざまな学習法があります。

　できればゆっくり研究して、わが子に合いそうなものを選んだり、あるいは全部試してみたいところですが、子育て中のママは毎日育児や家事に追われ、そんな時間の余裕はありません。しかも、赤ちゃんはぐんぐん育っていき、待ってはくれません。

　だからといって、テレビなどで話題の知育法に飛びついても、期待通りの効果が得られるとは限らないのが、悩ましいところです。性格にあう、あわないという問題もありますし、親がいくら英語を学ばせたいと意気込んでみても、子どもがまったく英語に興味を示さないといったこともあるでしょう。

　そして、何より知育の効果はすぐに出るわけではありません。継続して行い、成長してはじめて、やってて良かったと効果を実感することが多いのです。では、結局どうやって知育法を選んでいけば良いのでしょうか？

そこで私たちは、実際に子育て中のママたちにアンケート調査をお願いすることにしました。そして、ママが日頃から取り入れ、効果があると感じた知育法だけを本書に掲載しています。

ママに人気の定番の知育法。いまママたちが注目している話題の知育法。それらすべてがこの一冊で学ぶことができます。そして、確かに効果があると感じるものがあったら、参考文献やおすすめのスクールガイドも掲載していますので、本格的に取り入れてみてください。

そんな風に「子どもたちの可能性を広げ、才能を伸ばす一歩」として、本書を活用していただけると幸いです。

本書では、東京・千葉県・埼玉県・神奈川県に在住の、6歳以下の子どもを持つ20歳～39歳の女性1000人に、実際に試したことがある知育法に関するアンケート調査を行いました。このアンケート調査で、ママから「効果があった」と回答があった（複数回答可）知育法を集計し、掲載しております。

**調査方法**

WEBアンケート調査

**調査期間**

第1次アンケート：2010年5月26日～5月27日

第2次アンケート：2010年6月8日～6月9日

**有効サンプル数**

1000人

# もくじ

## 生後8カ月〜1歳半までに、はじめたい知育法



## 1歳半〜3歳までに、はじめたい知育法

## ママたちから注目を集める話題の育児法20

## 「今すぐ通いたい知育スクールガイド」



取材にご協力いただいた皆さん

増谷幸乃 さん
NPO 法人日本子育てアドバイザー協会「子育てアドバイザー養成講座」講師。元保育士養成専門学校教員、NP プログラム認定ファシリテーター。年間を通して多数の親と学びの場を持ち、子育てに関する講演等でも活動している。

和久洋三 さん
わくわく創造アトリエ代表。1989 年に積み木・木のおもちゃなどの「童具」によって、子どもたちの創造力と共生意識を育てる「童具館」を設立。幼児教育についての講演・講座活動、美術大学や幼児教育者養成校での指導にもあたっている。

福岡潤子 さん
少人数制の幼児教室として人気の「母と子のオムニパーク」を主宰。幼児教育や子育てを学べる教室として保護者からの信頼も厚い。『IQ140 の子どもが育つ遊びのルール』（青春出版社）などがある。

上野緑子 さん
All About「早期教育・幼児教育」「子供のしつけ」ガイド。幼児教室・小学校受験の個人講師を経て、現在は教育コンサルタントとして、「教育」「子育て」をテーマに原稿執筆、講演などで活動中。

## 赤ちゃんのころから知育を行うと、どんな効果があるの？

　当たり前のことですが、生まれて間もない赤ちゃんは言葉を理解することができません。ですが、言葉を聞き分ける能力自体は、すでに持って生まれてくると言われています。赤ちゃんに母親が話す言語と外国語を聞かせたら、きちんと識別できたという実験結果があるからです。

　つまり、人は赤ちゃんから成長する段階で、日本語や英語など言葉を聞き分ける能力を身につけていくのではなく、あらかじめ聞き分ける能力は持っており、経験などによって不要な能力が削除されていくのではないかと考えられているのです。

　例えば日本人は英語の「L」と「R」を聞き分けるのが、苦手だと言われます。でも同じ日本人でも赤ちゃんには、「L」と「R」を聞き分ける能力もあると考えられています。母親が日本語を話すため、「L」と「R」を聞き分ける必要性がなく、成長するにしたがって、その能力が削除されていき、聞き取れなくなっていくのです。

　こうした能力は聴覚だけではありません。脳にある視覚野という部分には、顔を見分ける機能があります。見慣れている人の顔と、新しく出会う人の顔を区別しているのです。この見分ける能力も赤ちゃんのほうが優れています。人と動物を、あるいは獣医さんのような専門の人でなければ見分けられないような動物の種類も、見分けるだけの能力があると言われています。

　しかし、優秀な能力も脳が不要、使わないと判断すると、発達段階でどんどん削除されていってしまいます。赤ちゃんの頃から知育をするということは、こうした能力の削除

にストップをかけることに他なりません。脳に削除してはいけない重要な能力だと刺激を通して教えるわけです。

　天才を育てる！と意気込むのも良いですが、むしろ誰もが生まれながらに持っている、大きな可能性をキープするために行う。赤ちゃんに知育をする理由は、そんなところにあると思います。

## なぜ3歳までに取り組まないといけないの？

　脳にはシナプスという神経と神経をつなぐポイントがあります。神経細胞に情報を伝える役割を担っているのですが、このシナプスは生まれてから最初の3年間で一気に増えることがわかっています。その後、シナプスの増加速度は鈍っていき、脳の神経回路を整理していく時期に入ると考えられています。

　3歳までにシナプスがもっとも増えるため、この時期により多く脳に刺激を与えようというのが、「3歳」を区切りにする説の考え方です。本書でも、この考え方にならって、3歳をひとつの目安にしています。

　あるいは、斜視の子どもがだいたい8歳ごろまでに治療しなければ、弱視につながるという実験結果などから、8歳をひとつの区切りとする考え方もあります。刺激が不十分だと、視覚野の回路が形成されず、あるいは衰えてしまうのです。かといって、8歳までにいろんな視覚刺激を与えれば、視力が普通以上に良くなるわけでもありません。

　脳の発達のプロセスには、多くの謎がまだまだ残っています。確かに3歳までにシナプスは増加しますが、単純にシナプスの密度が高ければ高いほど、頭の回転が速くなるとまでは言い切れないのです。

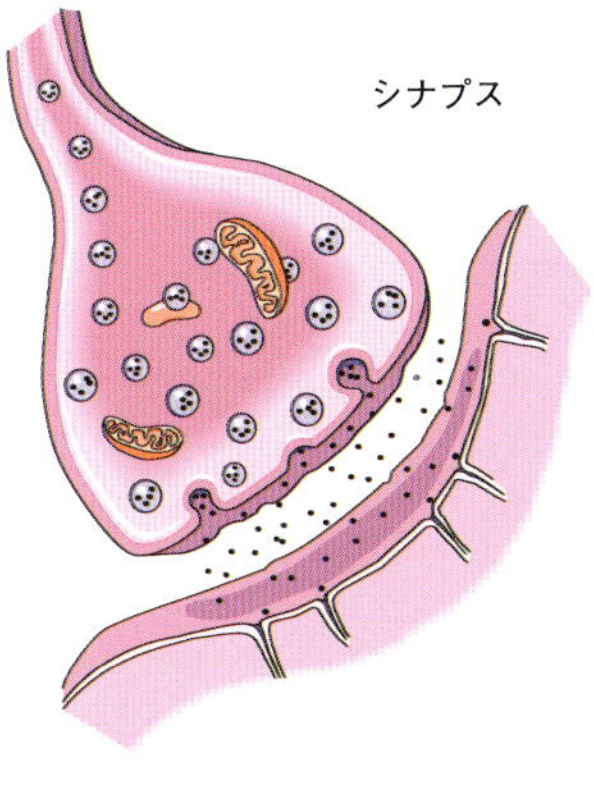
シナプス

　したがって、3歳を過ぎていても、効果がある可能性は十分に考えられます。あまり神経質にならず、試してみることが大切です。

## いつごろから知育をはじめたら良いの？

　器官や感覚野によって、あるいは個人によっても発育には差があるので、一概には言えませんが、例えば聴覚は生まれる前からすでに機能しはじめています。お腹の中にいるため、はっきりとした音を聞き取っているわけではありませんが、胎児の段階から、音のリズムは理解していると考えられています。音楽と話している言語の区別、また母国語と外国語の区別も、リズムの違いなどで、すでに聞き分けが進んでいるのです。

　この発音のパターンはお母さん、といった具合に、すでに母親の認識もはじまっています。したがって、聴覚に関しては生まれる前から、胎教という形でスタートさせても良いと思います。

　そのほか、運動系なら、つかまり立ちができるようになったら、言語系なら喃語を発するようになったら、など発育を見ながら、できる知育をはじめていきましょう。

　あとは、本人が何に興味を持つのか、見極めることが大切です。無理矢理に刺激を押しつけても、本人が面白いと思って集中して学習しない限り、あまり効果は望めません。もちろん子どもは、この世にどんなものがあるかなんて知りません。親が持ってくることで、はじめて世界に触れます。

　したがって成長のチャンスを与えるのは常に親の役割です。いろんな刺激をまず与えてみる。そして、興味を持つ

なら続けてみる。そのような態度が大切なのかもしれません。

## 知育を行うときに、注意することや心掛けることはあるの？

　脳は刺激を受けると、そのすべてを記憶・定着させるわけではありません。刺激の頻度や内容から、重要だと思われるものを選んで、脳回路に残していきます。残した刺激は次第に固定化され、それをベースに脳は発達していくと考えられています。

　したがって、ポイントは『繰り返す』こと。勉強も同じですが、繰り返し刺激を受けることで、覚えていきます。脳がそれは重要だと感じるからです。そして、もうひとつは、どんな刺激を与えるかです。

　例えば、英語教育なら英語を母国語とするネイティブが話すものを聞かせ、音楽なら優れた演奏のものなど、質の高い『本物』を聞かせると、その刺激がベースになります。反対に悪い発音の英語を聞かせ続けると、それが固定化されてしまいます。赤ちゃんに何かを見せたり、聞かせたりと、刺激を与えて、情報を吸収させるときには『本物』を選ぶことが大切なのです。

　また、刺激が固定化する際には、『注意』がカギを握ると言われています。大人でも好きなことのほうが記憶できると思います。それは赤ちゃんも同じです。注意を払った刺激がより脳に残っていきます。

　オーディオから一方的に流れてくる音楽や、ビデオで流れてきた映像よりも、教室などで直接先生から聞いたもの、親から教わったもの、そして友だちから聞いて面白いと感

じたもののほうが、効果的に受け取ることがわかっています。赤ちゃんがより注意を払って、面白いと感じる環境を作ってあげることが、才能を伸ばすコツだと言えるのです。

知育を行うときに、『ママが一緒になって、遊びながらやる』ことが推奨されるのは、こうした理由からです。赤ちゃんもママと一緒なら、楽しいと感じるはずですから。

## まとめ

◎赤ちゃんには生まれつき、音を聞き分ける能力が備わっている

◎使わない能力は脳が不要と判断し、どんどん削除していく

◎知育をして脳に刺激を与えるのは、赤ちゃんが本来持っている可能性の種を絶やさないため

◎脳の神経細胞に情報を伝えるシナプスが、もっとも増える期間は3歳まで

◎繰り返し与えることで、その刺激は重要であると脳が感じるようになる

◎英語を聞かせるなら、ネイティブの発音を。常に「本物の刺激」を与えることが大事

◎音楽やビデオをただ流すのはＮＧ。興味を持たせることで、その刺激は強化される

◎赤ちゃんが面白いと感じる環境を作るのが、親の役目

◎ママが一緒になって、楽しみながらやる

# 生後3カ月までに、はじめたい知育法

1カ月も過ぎると、赤ちゃんは目で物を追いかける（追視）ができるようになってきます。
そして、2カ月にもなると、「あー」「うー」などと声を出すようになり、ママの声を聞き分けて、反応するようになります。
そのため首が徐々にすわりはじめる3カ月ごろまでは、語りかけなど、声や音を使った知育が中心となります。

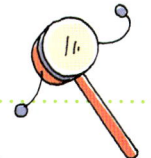

**74.1%** のママが効果を実感！

# 赤ちゃんのお世話をするときはたくさん語りかけてからおこなう

おむつを替えましょうね～
お服を着て、お外に行こうね～
さあ、ミルクを飲もうね～

どんな育児法なの？

## 行動前の「語りかけ」は脳を発達させる大切な働きかけ

赤ちゃんに何かしてあげるときには、事前にこれからどんなお世話をするのか「声」に出して語りかける習慣をつけましょう。言葉はまだしゃべれなくても、赤ちゃんは生まれたときから、言葉の理解を司る脳の「言語野」という部分がすでに働きはじめていて、声をかけられればかけられるほど、脳が反応し、刺激されると言われています。また、声かけを日常的に続けていると赤ちゃんは、生後4～5カ月ごろにもなると、これから自分が何をされるのか、ママの行動を予測するようになるのです。そのため、おむつ替えや授乳などがよりスムーズに行えるようになると考えられています。

赤ちゃんが声かけに反応を示さなくても、ママの声をしっかり聞いていますから、焦らず習慣化することが大切です。

「言葉がしゃべれない時期でも、赤ちゃんは匂い（嗅覚）や触り心地（触覚）、音（聴覚）、見える景色（視覚）、味（味覚）の五感を働かせ、刺激を通じて、外界の情報を得ようとしています。この時期から人や自然の物に触れることにより、さまざまな感覚を通して穏やかな刺激に触れることはとても重要だと思います」（NPO法人日本子育てアドバイザー協会／増谷幸乃さん）

赤ちゃんとのコミュニケーションのひとつとして、取り入れてみましょう。

※言語野…言葉の理解や表現を司る脳の領域

「やってよかった!」「試してみる価値あり!!」

## 「語りかけ」の効果を実感した現役ママの声

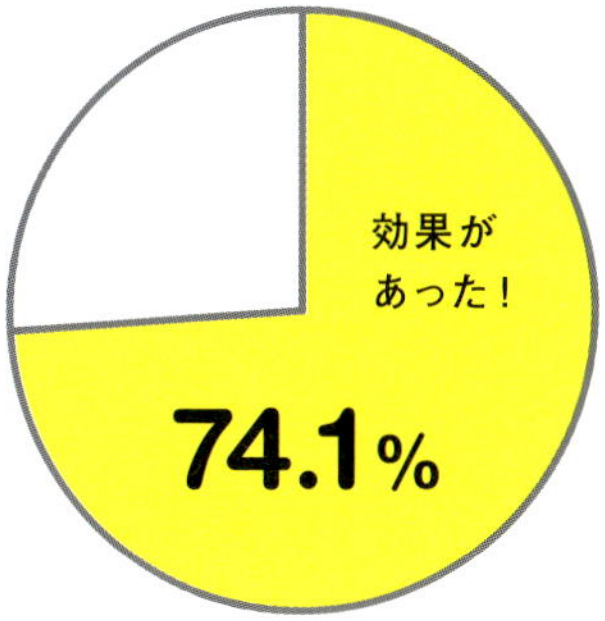
効果があった！
74.1%

・「行動の意味を理解して、言われなくても行えるようになりました」(38歳／神奈川県)
・「気持ちの準備ができるからか、聞きわけの良い情緒が安定した子どもになったと思います」(38歳／千葉県)

ほらほら～、おっぱいにしようね～

何かをするときには、その前に必ず何をするかを声にして、赤ちゃんに語りかけましょう

**POINT**

**「行動前の語りかけ」を上手に行うためのポイント**

- 何か赤ちゃんにしてあげるときには、必ず「声」に出して語りかける。
- 語りかけは脳を発達させる大切な働きかけ。
- 行動前に、毎回必ず語りかけを行うことが大切。
- 繰り返し行うことで、赤ちゃんが次の行動を予測できるようになる。

## どんな風にやるの？

### 繰り返し何度も語りかける

「行動前の語りかけ」といっても難しいことはありません。赤ちゃんのおむつを替えるとき、ミルクをあげるときなど、赤ちゃんと何かをするときに必ず、「これから何をするのか」語りかけと、使う物を見せるようにします。

例えばミルクをあげるときには、「おっぱいにしようね～」と声をかけ、哺乳瓶を見せるようにします。大切なのは、行動前に毎回必ず語りかけを行うこと。繰り返し行うことで「哺乳瓶」や「おむつ」などの言葉と物が同じものとして認識され、行動を予測できるようになります。次第にママが声をかけるだけで、赤ちゃんが準備をするようになってくるでしょう。

## どんな効果があるの？

### 自発的に行動できる子どもに

アンケートの結果、効果を実感したというママから「行動前に声をかけることで、子どもも素直に次の行動を行えるようになりました」（24歳／東京都）や「『お出かけだから靴下履こうね』と声をかけて、目的も教えたら、自発的に行動してくれるようになりました」（39歳／東京都）など、「行動を予測してくれるようになりました」というコメントが数多く寄せられています。

57.1%のママが効果を実感！

# 物を指さして、その名前を声に出して聞かせる

あれはイスですよ～
これはコップよ
あれは時計よ

どんな育児法なの？

## 生まれてすぐに赤ちゃんは言葉を覚えはじめる

「生まれたばかりの赤ちゃんは、言葉をしゃべれないのはもちろんのこと、言葉を理解するほどにはまだ脳が発達していない」。もしあなたがそう思っているのだとしたら、その認識は正しくありません。赤ちゃんは生まれたときから、周囲の音を脳にインプットしはじめていることがわかっています。そのため日常生活の中で、赤ちゃんに対してさまざまな声かけを行うことが推奨されています。さらに、身の回りにある物の名前を指さしながら、繰り返し聞かせるという知育法があります。

アンケートの結果を見ても、多くのママが「指さしながら名前を教える」方法を実践し、効果を実感しています。「物の名前をたくさん覚えました」（31歳／神奈川県）や「家の中にある物の名前をしっかり覚え、わからないときは『これは？』と尋ねてくるようになりました」（34歳／神奈川県）、「物の名前を覚えたり、何をする道具かも理解するようになりました」（37歳／神奈川県）など、成長するにしたがって、周りの子どもよりも好奇心が旺盛になったと感じるママが多いようです。早くから物の名前を覚えることができるようになったことで、その後のさまざまな発達につながったという体験談が寄せられています。

「やってよかった!」「試してみる価値あり!!」

## 「名前を声に出して聞かせる」の効果を実感した現役ママの声

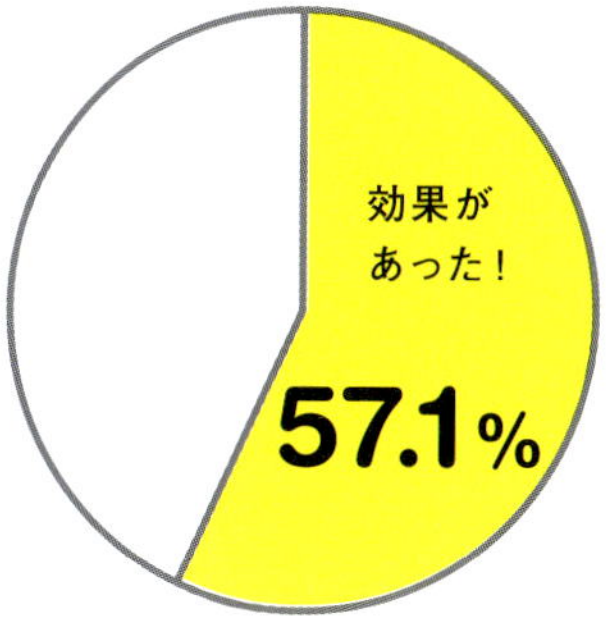


・「物に名前があることを理解し、興味がわいたようで、言葉もよく覚えました」(37歳／東京都)

・「会話ができるようになるのが早かったと思います」(36歳／東京都)

**部屋の中の物を指さしながら、物の名前を声に出して赤ちゃんに話しかけましょう**

### POINT

**「物の名前を聞かせる」を上手に行うためのポイント**

- 「七田式幼児教育」でも提唱されている。
- 生まれてすぐからはじめる。
- 身の回りにある物など、目に映るものの名前を繰り返し声に出して聞かせる。
- 物を指さしながら行うと効果的。
- 抱っこしながらスキンシップの一環として行う。

## どんな風にやるの？

### 抱っこしながら繰り返し聞かせる

家の中でも外に出かけたときでも、身の回りにあるものや目に映る物の名前を繰り返し赤ちゃんに話して聞かせてあげましょう。「あそこにあるのが時計よ」「あれはイス」「これは水を飲むコップよ」などと、物の正しい名前を声に出して、繰り返し赤ちゃんに聞かせるようにします。

また、物の名前を伝えるときには、ママは必ずその物を指さし、赤ちゃんがそれをちゃんと見たことを確認してから声をかけるようにしましょう。抱っこをしてお散歩をしながら、目に映るものを指さすようにすれば、スキンシップの一環にもなり、赤ちゃんも喜ぶと思います。

## どんな効果があるの？

### 脳内の神経回路を強化する

この「物の名前を繰り返し聞かせる」という育児法は脳科学を幼児教育に取り入れたことで有名な「七田式幼児教育」でも提唱されています。この〝繰り返し〟同じ言葉を聞かせることが重要なポイントで、繰り返すことで、脳内の神経回路同士のつながりをより強化すると言われています。毎日毎日、繰り返し赤ちゃんに言葉を投げかけるように意識しましょう。

**84.5%** のママが効果を実感!

# 音のするガラガラやボールなどのおもちゃを使って遊ばせる

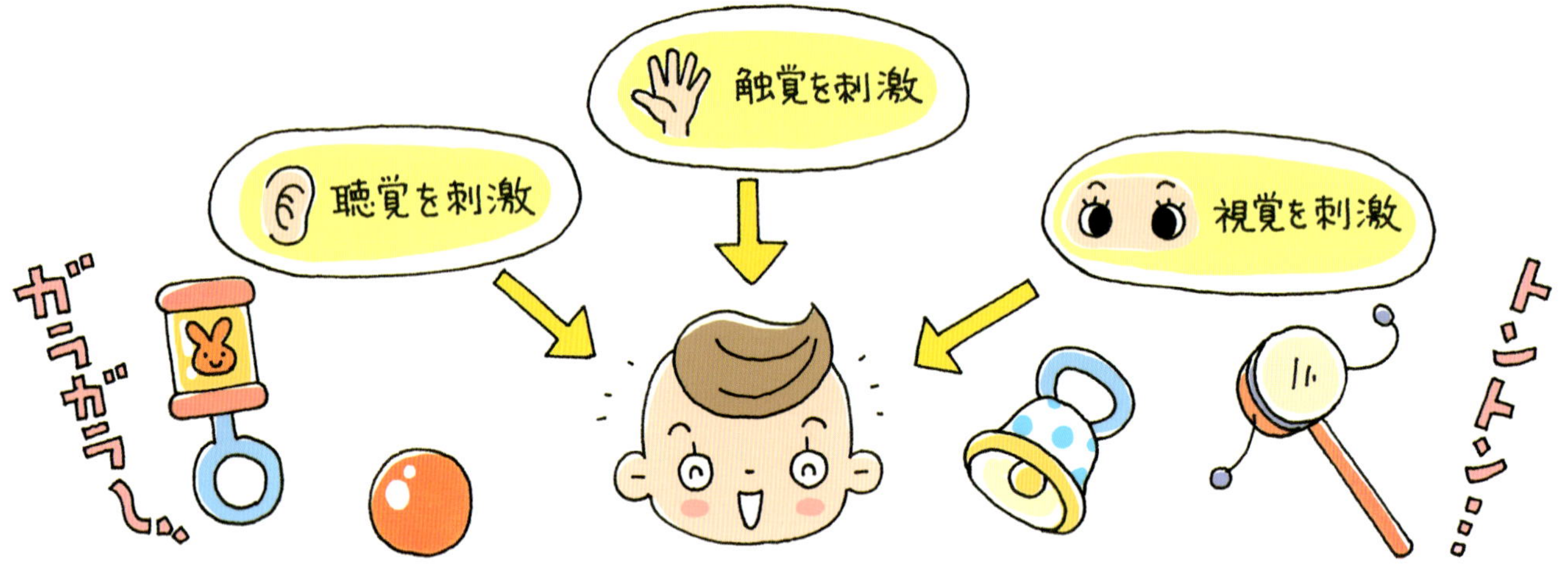


## どんな育児法なの？

### 視覚、触覚、聴覚などさまざまな刺激で脳を活性化

この時期、赤ちゃんの脳の神経細胞はどんどん発達していきます。手で触れ、目で見て、耳で聞いた刺激（＝情報）のすべてが脳に送られ、意識はしていなくても脳ではさまざまな判断を行っています。その積み重ねによって周りの世界の知識を蓄えていきます。そのため音の出るおもちゃ（ガラガラやベル、手持ち太鼓など）やボールなどを使って、積極的に遊ばせることが効果的だと考えられています。

また、このころになると周りの音や物に反応して、手で物をつかもうとする行動も見られるようになってきます。その一連の行動のなかで、視覚野や運動連合野など脳のさまざまな場所が刺激され、脳が活発に働くようになります。つまり、赤ちゃんにとっての「手」は、外の世界を知るための情報収集ツールなのです。

「ボール遊びは手の器用さを養うことにもつながります。また秩序やルールを感覚的に学べる大事な遊びなので、ボールはこの月齢以降も積極的に遊ばせたい〝童具〟のひとつですね」（童具館館長／和久洋三さん）

赤ちゃんが興味を持ったものに手をのばす行動を見かけたら、積極的に握らせてあげましょう。この動きを通じて、赤ちゃんは手の動作の基礎を学習していきます。

※視覚野…脳内の「視覚」に関する情報を司る領域／運動連合野…脳内の「運動」に関する情報を司る領域

## 『ガラガラ』（音のでるおもちゃ）

ほら〜、
音が鳴ってるね〜

繰り返しいろいろな音を
聞かせてあげましょう

## 『ボール遊び』

ほらほら〜、
ボールが
転がってるよー

ボールの行き先を目で追うように
うながしましょう

### どんな風にやるの？

**音を繰り返し聞かせて
ボール遊びでは感触を体験**

おもちゃの太鼓、ガラガラ、ベルなど音の出るおもちゃを赤ちゃんの周りで使い、繰り返しいろいろな音を聞かせてあげましょう。もし赤ちゃんが手を出して、それをつかもうとしたら積極的に握らせるようにしましょう。このとき、片方の手だけではなく両方の手でさわるようにうながすのがポイントです。両手を上手に使えるようになると、脳へのバランスのよい刺激につながります。

また、ボール遊びではさまざまな「感触」を赤ちゃんに体験させましょう。ゴムや毛糸、お手玉、スポンジなど、手触りが違うものを用意して、手のひらにいろいろな刺激を与えてみましょう。ただし、赤ちゃんは何でも口に入れたがるので、飲み込んでしまう危険もあります。必ずママがそばで見守るとともに、飲み込めない大きさのボールを用意することが大切です。

さらに赤ちゃんは動くものにとくに興味を持つ（追視といいます）ので、ママが手でボールを動かしたり、声をかけながら床に転がしたりして、上手に赤ちゃんの興味を誘うようにしましょう。目でボールを追いかけるようになると、自然と頭も動かすようになるので首すわりをうながす効果もあるでしょう。

### POINT

**音の出るおもちゃ遊びとボール遊びを上手に行うポイント**

- 視覚、触覚、聴覚など、さまざまな刺激を与える。
- 興味を持って触ろうとしたら、積極的に触らせる。
- 触らせるときはできるだけ「両手」で触らせる。
- ボールはゴムや毛糸、スポンジなど、感触が違うものを用意する。
- 赤ちゃんが飲み込んでしまわないように、大きさに注意すること。
- 声かけをしながら、赤ちゃんにボールの動きを目で追わせるようにする。

**飲み込めない大きさの物であれば、赤ちゃんが興味を示すものはどんどん舐めさせましょう**

## なぜ舐めようとするの？

### 「舐める」ことで物の存在を確認している

生後2～3カ月前後の赤ちゃんは、手に何かを持つと、とにかくすぐに口に入れようとします。なぜ、赤ちゃんはこのような行動をするのでしょうか？　これは唇や舌の感覚をフル活用して、その物の存在を確かめているのです。赤ちゃんはまだ指先などが十分に発達していません。そのため赤ちゃんはこのような行動を通して、物の状態の変化や感触などを感じ取り、自分の五感すべてを使って「これは何だろう？」と、物の存在を探ろうとしているのです。ですから、危険なものや不衛生なもの以外はどんどん口に入れたり、なめさせたりさせてあげましょう。

おもちゃ以外にも、冷たいものや温かいもの、固いものや柔らかいもの、食感が違うものなど、赤ちゃんがほしがったものはなんでも与えて、いろいろな感触を体験させることが大切です。もちろんビーズやおはじきなどの飲み込んでしまう危険がある小さなものは持たせないようにして、ママが見守ってあげるようにしましょう。

音のするおもちゃで注意を引き、ときには手や口を使って遊ばせる。そのようにしてたくさんの情報を五感で吸収させ、脳を刺激する。それが2～3カ月の赤ちゃんにはとても効果的だと考えられているのです。

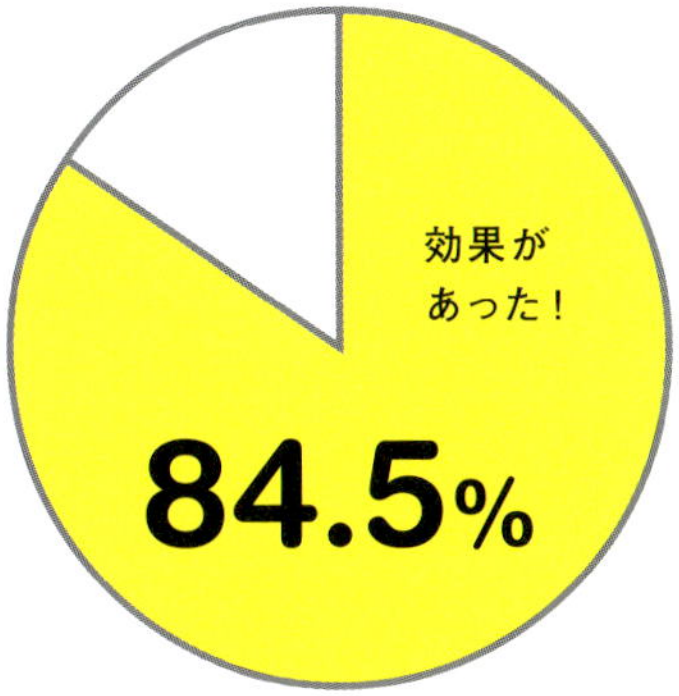


# 「やってよかった!」「試してみる価値あり!!」…「音の出るおもちゃ遊び」の効果を実感した現役ママの声

アンケート調査の結果、約84.5%のママが「効果があった」と実感。さまざまなおもちゃに興味を持って取り組むことで、集中力や運動能力が向上したという内容のコメントが数多く寄せられました。

「音に興味を持つようになりました」
（38歳／千葉県）

「ひとりで集中して遊んでくれるようになりました」
（29歳／東京都）

「振ると音が鳴るのが、楽しいのか、ひとりで遊べるようになりました」
（35歳／神奈川県）

「周りの状況を察知するのが上手くなったような気がします」（38歳／神奈川県）

「音がするものは興味を引くので、よく動かして遊んでいますよ」（37歳／東京都県）

「ボールを投げるのがすごく上手くなりましたよ！」（31歳／東京都）

「いろんな物に興味を持ち、振ったり投げたりして遊ぶようになりました」
（38歳／神奈川県）

「手を振ることで筋力もつき、ボールなどは投げて飛んでいくのを目で追うようになりました」（35歳／埼玉県）

「にぎったり、投げたり、転がしたりする動きがうまくなりました」（37歳／神奈川県）

**89.4%** のママが効果を実感！

# 「いない・いない・ばあ」でワーキングメモリーを鍛える

ワーキングメモリー＝作業記憶・一時的記憶
前頭前野のワーキングメモリーを刺激
ママだ～
ばあ
繰り返し行う
前頭前野のワーキングメモリーを刺激
ママ…？
いないいない…

赤ちゃんはママの表情を再確認します

赤ちゃんはママの表情を思い浮かべようとします

## どんな育児法なの？

### 「ママの顔を覚えている」がワーキングメモリーが働いている証拠

赤ちゃんの脳を刺激する知育法のひとつとして、「ワーキングメモリー」を鍛えるという方法があります。「ワーキングメモリー」は、いわゆる「記憶」のことではなく、何かをするために「一時的」に覚えておく能力を指します。その行動が済んだらすぐに消えてなくなるような記憶です。その性質から「作業記憶」「一時的記憶」とも呼ばれます。この「ワーキングメモリー」は脳の前頭前野で保持されていることが分かっていて、鍛えるほど脳の前頭前野を刺激し、発達をうながすと言われています。

この「ワーキングメモリー」を使って、脳を鍛える効果があるのが、ご存じ「いない・いない・ばあ」です。はじめはママの顔が見えることで赤ちゃんは喜びますが、何度も行っていると「覚えていたママの顔が見える」ことに喜ぶようになります。この「覚えている」が「ワーキングメモリー」が働いている証拠です。

昔から赤ちゃんをあやすために行われてきた遊びのひとつですが、その効果を実感しているママは多く、「顔を覚えるのに効果的だと思います」（29歳／東京都）、「表情豊かになり、声を出して笑うようになりました」（33歳／千葉県）といったコメントが、多数寄せられています。

※前頭前野…創造力や推察力、判断力、コミュニケーション能力などを司る脳の領域

「ばあ」と言って笑顔を
赤ちゃんに見せる

笑顔の表情を赤ちゃんに見せたあと、
自分の顔を両手で覆う

## どんな風にやるの？

### 赤ちゃんがママの顔を見ているかがポイント

生後2～3カ月にもなってくると、赤ちゃんはときおり笑顔の表情を見せるようになります。赤ちゃんの笑顔が見られるようになってきたら、「いない・いない・ばあ」をはじめてみましょう。

まずはママが笑顔の表情を赤ちゃんに見せます。そして、「いない、いない～」と声に出しながら、両手で自分の顔を隠しましょう。指の間から赤ちゃんがこちらに注目をしていることを確認したら、「ばあ！」と言って笑顔の表情を赤ちゃんに見せます。赤ちゃんが喜んで笑ったら、「笑ったね～」などと声をかけながら、顔や体をなでるなど、スキンシップを取りましょう。

「はじめのうちは赤ちゃんがあまり反応を示さないことも多いのですが、見た目の反応はなくても、赤ちゃんはしっかりと感じ取っています。赤ちゃんとのスキンシップのひとつとして、気長に、あせらずやってみてください」（ＮＰＯ法人日本子育てアドバイザー協会／増谷幸乃さん）

「いない、いない～」とママが手で顔を隠したとき、赤ちゃんの興味が続かない場合には、まだ効果的に遊べる時期ではないというサインです。そんなときは、ママの顔に注目できるよう、話しかけやスキンシップを行うようにしましょう。

**❋ POINT ❋**

**「いない・いない・ばあ」を上手に行うためのポイント**

- ❋「ワーキングメモリー」を鍛えるために行う。
- ❋ 赤ちゃんが「微笑み」「笑顔」を見せるようになったら行う。
- ❋ 反応がなくてもあせったり、不安になる必要はない。
- ❋「ばあ」で赤ちゃんも笑顔になったら、顔や体をおもいっきり触ってあげる。
- ❋ 赤ちゃんの注目が続かない場合は無理に行わない。
- ❋ できるようになったら「ミラーニューロン」を刺激する、より高度な「いない・いない・ばあ」にも挑戦する。

「ばあ」のときの表情にも変化をつけてみましょう

「いない・いない」で待たせる時間を短くしたり、長くしたりと変化をつけましょう

## どんな効果があるの？

### ミラーニューロンを鍛える久保田式「いない・いない・ばあ」

脳科学者である久保田競教授と、夫人のカヨ子氏が提唱する、脳科学を取り入れた「久保田メソード」という子育て法があります。天才を育てると紹介されたこともあり、大きな注目を集めています。この「久保田式メソード」でも、「いない・いない・ばあ」をすすめています。ただ、通常の「いない・いない・ばあ」と違い、より効果をあげるための工夫がされています。

例えば、顔を両手で隠すのではなく、タオルやハンカチで顔を隠す方法が推奨されています。ママが笑顔を見せながら「いない、いない、いない〜」と言ったあと、タオルやハンカチで顔を完全に隠してしまうのです。その後、「ばあ」と言って笑顔を見せる点は同じです。また、「いない、いない〜」の時間を少しずつ長くして、ママの顔が出てくるまでの時間を長くしていくのがポイントだと言われています。これは「ママの顔を理解」して、これから起こることを期待して待つための訓練になります。

より高度な「いない・いない・ばあ」ですが、この訓練を続けることで、「人のマネ」をしたり、表情から「心」を読む手助けをする脳内物質「ミラーニューロン」を刺激することにつながると、「久保田式メソード」では考えられています。

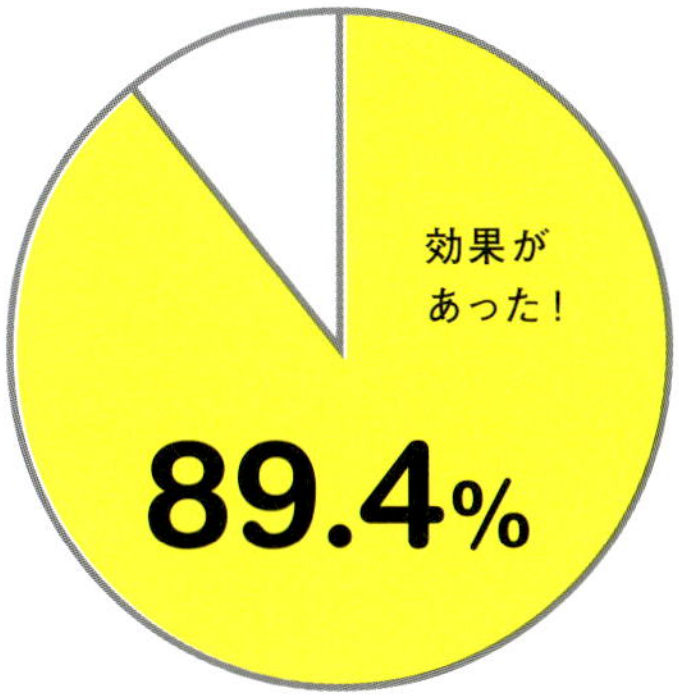


# 「やってよかった！」「試してみる価値あり!!」…「いない・いない・ばあ」の効果を実感した現役ママの声

アンケート調査の結果、約89.4％のママが「効果があった」と実感。
コミュニケーション力がついたり、感情表現が豊かになったという内容のコメントが数多く寄せられています。

「こちらが『いない・いない・ばあ』をすると大喜びし、自分でも繰り返しやっては喜んでいました。相手を笑わせたい、というような感情が芽生えたのかもしれません」（38歳／神奈川県）

「音に興味を持つようになりました」
（38歳／千葉県）

「大きくなるにつれて自分でいろんなところに隠れて『いない・いない・ばあ』をして驚かせてくれたり、下の子が産まれた時には『いない・いない・ばあ』をして遊んであげたりしてくれました」（32歳／東京都）

「『いる』と『いない』、『ある』と『ない』が分かるようになりました」（36歳／埼玉県）

「表情豊かになり、声を出して笑うようになりました」（33歳／千葉県）

「顔を隠す時間を徐々に延ばしていき、待っていられる時間が長くなりました」（38歳／神奈川県）

「子どもが喜びますし、コミュニケーションが増えました」（39歳／千葉県）

「人とのコミュニケーションで笑顔がたくさん出るようになりました」
（34歳／千葉県）

「1歳前からやっていて、顔を覚えるのに効果的だと思います」（29歳／東京都）

「注意が引き付けられるので、それまで他のものに夢中でも、こちらに興味を持たせることができます」
（36歳／神奈川県）

「月齢ごとの成長が手に取るようにわかり、効果的でした」
（36歳／東京都）

「最初は分からなかったけれど、自然と覚えていろんな物の陰から『いない・いない・ばあ』をして遊ぶのがとても好きになりました」（30歳／神奈川県）

**59.9%** のママが効果を実感!

# 語学のCDを何度も繰り返し聞かせる

## どんな育児法なの？

### 「左脳」ではなく「右脳」を使う語学学習法

英語学習のCDや洋楽を赤ちゃんに聞かせて、英語を話せるようにするといった育児法を提唱している教育関係者は多く、CDやビデオでの英語教材はたくさん種類があります。まだ言葉もしゃべれない赤ちゃんに英語を聞かせて、なぜ、その後、しゃべれるようになるのでしょうか？ その効果の秘密は「右脳」の特徴や能力にあると言われています。

一般的に左脳は論理的な思考や計算、分析が得意と言われており、ほとんどの学習法は左脳を中心とした学習法だと言えます。しかし、左脳で学ぶには「語学」は大変複雑で、習得するのがとても難しいのです。

一方で、右脳には無意識に大量の情報をインプット（記憶）でき、高速で情報を処理できる能力があります。そのため満足に言葉を覚えていない幼児期であっても、大量の言語を聞かせていけば、右脳は自動的に言語間の関連性を見つけ出して、すべて覚えていってしまうと考えられています。

大人になると、左脳の働きを中心にして物事を考えるようになりますが、幼児はまだそれほど左脳が発達しておらず、右脳が優位に働いている時期です。だから、特に幼児期には、このような右脳を中心とした学習法が効果的だと言われているわけです。

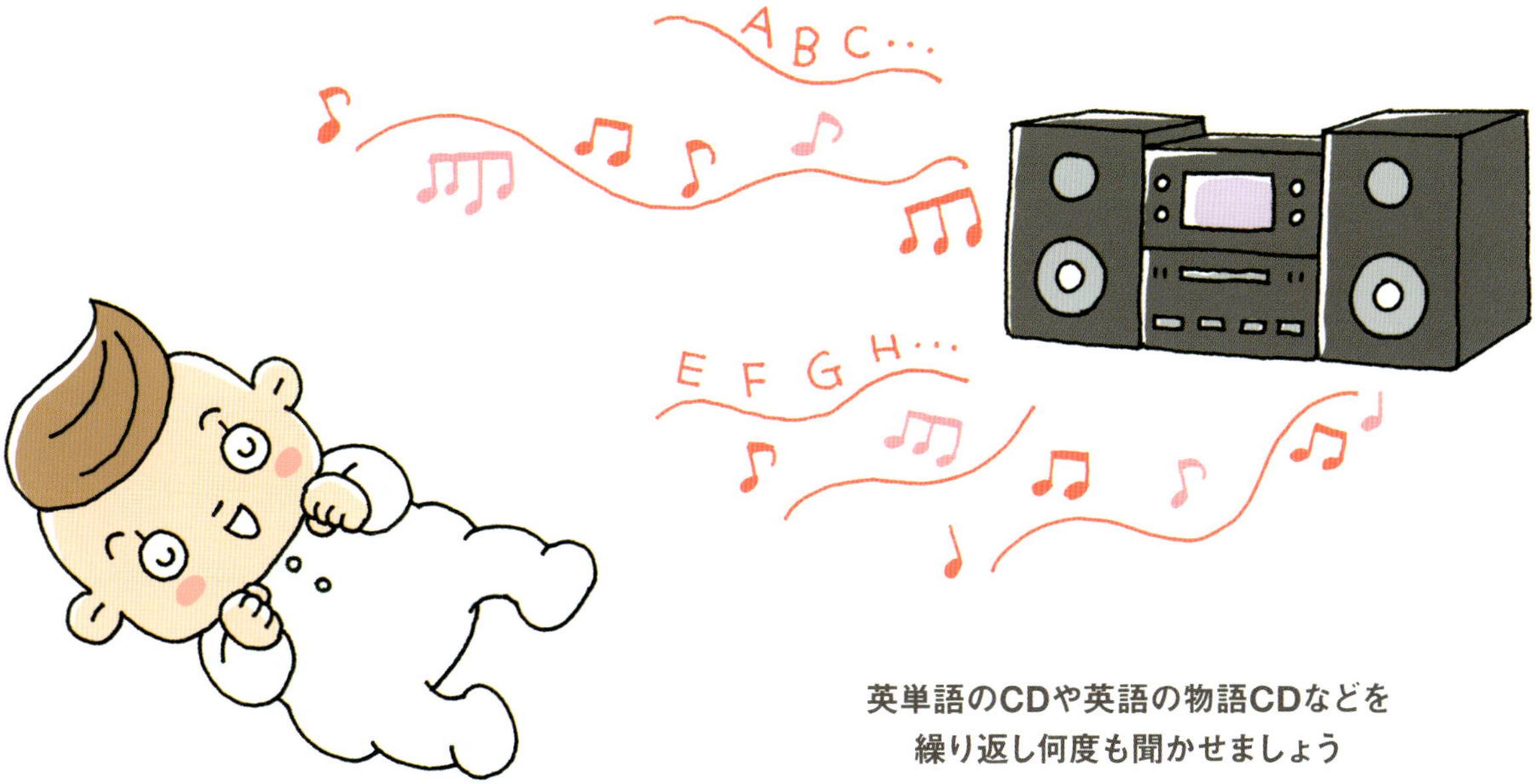


英単語のCDや英語の物語CDなどを
繰り返し何度も聞かせましょう

## どんな風にやるの？

### 単語を大量にインプットする「七田式語学学習法」

幼児期の語学学習法として、さまざまな方法が提唱されています。そのひとつが幼児教育メソッドとして人気の「七田式幼児教育」での学習法です。赤ちゃんが0歳のときから、言語の基本である単語を大量にインプットさせます。その後、やさしい英語の物語や絵本のCDを繰り返し聞かせて、理屈抜きに暗記させていくという方法を提唱しています。

このようにすることで頭が自然と単語を暗記して、文法などの「言語の一定の法則」も右脳で処理できるようになると考えられています。そして、言葉を話しはじめる時期になると、子どもはすぐにその言語を話せるようになっていると考えられており、実際多くの成功体験が寄せられていると言います。もちろん、赤ちゃんが嫌がらずに聞いてくれることが大切なので、赤ちゃんをあやしながら一緒に聞くと良いでしょう。

アンケートでも、多くのママがその効果を実感しており、「気がつくと、ハローやサンキューなど頻繁に出てくる英語を言葉に出すようになっていました」（31歳／東京都）や「英語の発音練習として効果ありました」（36歳／神奈川県）など、子どもの語学習得について一定の効果があったという声が寄せられています。

**POINT**

**語学CDを聞かせるための大事なポイント**

- 幼児期の語学学習には「右脳学習」が効果的。
- 単語CDやストーリーのあるものを繰り返し何度も聞かせる。
- 聞かせて赤ちゃんが嫌がるようなら無理に聞かせない。
- 映像教材などの「見せっぱなし」はやめる。
- ママも赤ちゃんと一緒にスキンシップを取りながら行うことが大切。

ママも子どもと楽しみながら
一緒に学習しましょう

## どんな点に注意が必要？

### 幼児期の語学学習には親子のスキンシップが重要

CDやDVDなどを使った知育法の場合、聞かせる、または映像を見せることが中心になるため、つい一方的に流しっぱなしになりがちです。とくにDVDの場合には、音と動く映像に赤ちゃんが夢中になります。そのため一時的におとなしくなるため、ここぞとばかりに、家事など別の用事を済ませようとするママがいます。お気持ちは分かるのですが、それはおすすめできません。

子どもが嫌がらずにちゃんと聞いているのか？　どんな音楽や映像に興味を持つのか？　ママは側にいて、赤ちゃんの表情や反応を見るように心がけましょう。

さらにママも一緒になってCDやDVDを聞くことで、赤ちゃんもそれが聞くべき必要な情報だと思い、音に注目を払うようになっていきます。抱っこをしたり、膝の上に乗せながら、CDやDVDを流すなど、親子のスキンシップの一環として取り入れることが重要です。

赤ちゃんが楽しい時間だと認識するようになれば、より意識的に音を聞こうと集中するので、効果もグッと高まるはずです。もし子どもが気に入ったフレーズや音楽を見つけられるようになれば、それを積極的に見せたり聞かせたりしながら、学習できる環境を作っていくことが大切です。

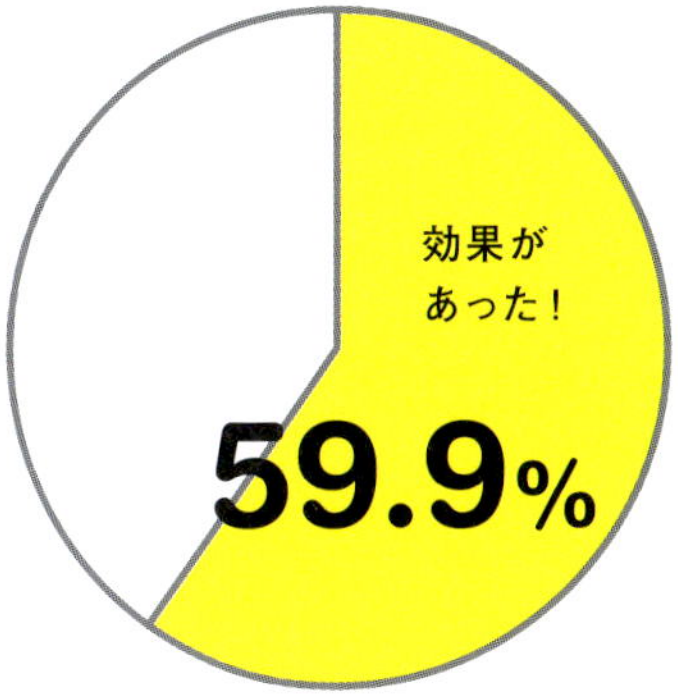


## 「やってよかった！」「試してみる価値あり!!」…
# 「語学CDを繰り返し聞かせる」の効果を実感した現役ママの声

アンケート調査の結果、全体の約59.9％のママが「効果があった」と実感。英語を聞かせることで、単語を覚えたり、上手に発音できるようになったという内容のコメントが数多く寄せられています。

「1歳になる前から聴かせていますが、英語の歌を覚えて歌うことができるようになり、機嫌もよくなりました」（32歳／埼玉県）

「自然と英語が出てくるようになりました」
（29歳／神奈川県）

「英語らしい発音の言葉をしゃべったりします」
（36歳／埼玉県）

「音感や言語の自然な習得につながったと思います」（30歳／東京都）

「英語をマネたような言葉を自然と口にするようになってきたと思います。不思議ですね」（38歳／神奈川県）

「英語や音楽に興味を持ち、楽しんでいるように見えます」（35歳／東京都）

「英語で物の名前を言ったりできるようになりました」（33歳／千葉県）

「英単語を話せるようになりました」
（37歳／東京都）

「歌うのが好きになり、語学は特に発音を上手にマネしています」（34歳／千葉県）

「いつのまにか英語の歌を口ずさめるようになった」
（25歳／東京都）

「自然と耳に入ってくる言葉や音楽を覚えています」（36歳／埼玉県）

「音楽に合わせて体を動かすのが好きになったし、英語も日本語と同じように覚えているようです」（28歳／神奈川県）

「きれいな発音が身につきました」
（36歳／神奈川県）

「車中では常に聞かせています」
（36歳／神奈川県）

**79.1%** のママが効果を実感!

# 声がけやスキンシップをしながら「おむつ替え」をする

## どんな育児法なの？

### 「気持ちいい」を覚えて「やる気」を起こさせる

人間は何かのご褒美を与えられると、脳が反応して「気持ちいい」という感覚が生まれます。この一連の脳の動きを「おむつ替え」をするときに取り入れることで、おむつ替えがスムーズに行えるようになります。また、赤ちゃんの脳を刺激することにもつながります。

赤ちゃんは触れられることを気持ちいいと感じるので、声かけや体をさするなどのスキンシップをとることで、赤ちゃんは「おむつ替え＝気持ちいいこと」と理解していきます。その行動を続けることで、おむつ替えの気持ちよさを赤ちゃんが期待して待つようになるわけです。その結果、おむつ替えをするたびに赤ちゃんは「気持ちいい」と感じるようになり脳も刺激されます。

「おむつを交換するときは赤ちゃんの目を見て、笑顔でたくさん語りかけるようにしましょう。語りかけることで赤ちゃんのコミュニケーション能力が高まり、物事に関する理解力も高まります。また、コミュニケーションをとることは親子の信頼関係を築く土台にもなります。声かけでは、『臭いね〜』などネガティブな言葉ではなく、『気持ちいいね』など前向きな言葉をかけることが大切です」（All About「早期教育・幼児教育」ガイド／上野緑子さん）

おむつを替えるときには、「これからすること」を教えるために、必ず声かけをしましょう

おむつを取ったあとは体をふいてきれいにして、声をかけながら体をやさしくさすってあげましょう

## どんな風にやるの？

### 「声かけ」と「スキンシップ」でおむつ替えの動作を覚えさせる

スキンシップをしながらおむつ替えをする方法は、「久保田式メソード」でも、脳の発達をうながす効果があるとして紹介されています。

具体的な方法ですが、まず、おむつ替えの際に新しいおむつを赤ちゃんに見せながら、「これからおむつを替えますよ」と声をかけ、これから何をするのかを教えます。おむつを替え終わったら必ず「気持ちよくなったね」「上手にできたね」と、声に出してほめてあげましょう。その際に両手の手の平でお腹や腕、足をさすって圧刺激を加えながらスキンシップをとることを心がけましょう。ほめる際のスキンシップや声かけはいつも同じ言葉、同じスキンシップにすることがポイントです。

おむつ替えで、この一連の声かけと動作を繰り返し行うと、赤ちゃんも「おむつ替え＝気持ちいい」と認識するようになり、スムーズに行えるようになります。

アンケートではこの方法を取り入れているママから、「オムツ替えのときに声かけをすると笑うことが多くなりました」（38歳／神奈川県）や「おむつ替えを嫌がることなくスムーズに行えるようになりました」（31歳／埼玉県）など、効果があったというコメントが数多く寄せられています。

おむつを外したときに、赤ちゃんが足をバタバタと動かすような場合は、「ダメ」と声に出して太ももを軽く手でおさえて、動きをとめます

**POINT**

**「おむつ替え」を上手に行うためのポイント**

- 「おむつ替え＝気持ちいい」と感じさせるために、「おむつ替え」の際には必ず声かけとスキンシップを行う。
- 脳の発達をうながす効果があり、「久保田式メソード」でも紹介されている。
- おむつ替えでは、「行動しない＝やめる」というノーゴー反応を教える。

## どんな育児法なの？

### ノーゴー反応（動かないこと）をおむつ替えをしながら教える

生後3カ月を過ぎたころには赤ちゃんの動きも活発になり、おむつ替えのときもじっとしていられなくなります。この時期のおむつ替えでは、「行動しない＝やめる」というノーゴー反応を教えましょう。

足をバタバタとさせたら「ダメよ」と厳しく言って、手を太ももに当てて押さえ、動けないようにします。そのときにすぐにおむつを替えて、終わったら「よく動かないでいられたね、すごいね」と下半身をなでるなどのスキンシップをとりながら、ほめてあげましょう。ポイントは「ダメ」（ノー）の言葉を決めるということ。「ダメ」でも「ノー」でもかまいません。

最初は押さえつけることによって動けないだけですが、繰り返すうちに、動かなければほめられるということを覚えて、「ノー」の合図だけで、赤ちゃんが自発的に「行動しない」ようになります。

自発的にやめるという〝ノーゴー反応〟は前頭前野の後方部の働きによって行われると言われます。うまくできたときのほめ言葉やスキンシップは、赤ちゃんにとって〝快感〟という報酬になるので、繰り返し行うことでよりスムーズにおむつ替えができるようになるでしょう。

※前頭前野…創造力や推察力、判断力、コミュニケーション能力などを司る脳の領域

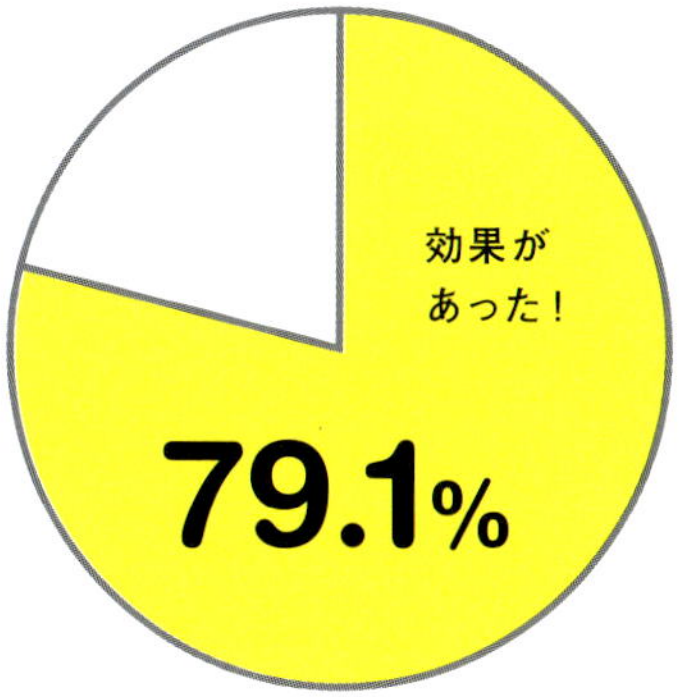


# 「やってよかった!」「試してみる価値あり!!」…
# 「おむつ替え」の
# 効果を実感した現役ママの声

アンケート調査の結果、全体の約79.1%のママが「効果があった」と実感。
おむつ替えをするのが楽しくなり、上手にできるようになったという内容のコメントが数多く寄せられています。

「お尻が気持ち悪くなると、自分から転がって替えてほしいと訴えるようになりました」（34歳／埼玉県）

「体を動かしたり、触れられることが好きになりました」（30歳／東京都）

「声をかけながらすると、大人しく交換させてくれるようになりました」（33歳／埼玉県）

「おむつ替えを嫌がらなくなりました」
（38歳／東京都）

「動けるようになるにつれて、おむつ替えを嫌がるようになりましたが、スキンシップを図りながらだとスムーズに替えられます」（32歳／東京都）

「おむつ替えが楽しいものだと思ってもらえるようになったと思います。遊びのひとつのようにしました」（33歳／東京都）

「オムツ替えのときに声かけをすると、笑うことが多かったです」（38歳／神奈川県）

「毎日実践していたらおむつを替えてほしいときに、おむつ替えのマットまで自分で行くようになりました」（37歳／東京都）

「トイレのルールを学ぶきっかけになりました」
（30歳／東京都）

「笑顔で対応していたら、それに答えるようになってくれました」
（36歳／神奈川県）

「私自身が、おむつ替えは作業ではなく、スキンシップなのだと思えるようになり、良かったです」（34歳／千葉県）

「話しかけるとにこにこ笑ってくれたり、声を出してよく反応してくれるようになりました」（39歳／東京都）

54.4% のママが効果を実感!

# 赤ちゃん言葉を使わない「言葉なおし」

どんな育児法なの？

## 「赤ちゃん言葉」はNG！「正しい日本語」を心がける

車のことを「ぶーぶー」、猫のことを「にゃんにゃん」、寝ることを「ねんね」など、どのご家庭でも赤ちゃんに話しかけるとき、ついついこのようなかわいらしい「赤ちゃん言葉」で話しかけたりしがちです。ですが、赤ちゃんは周りの大人たちが話す言葉を、無意識のうちに耳にし、どんどん覚えていってしまいます。そのため赤ちゃん言葉を使わずに、常に正しい日本語で赤ちゃんに語りかける方が発達に良いと考える育児法があります。

「赤ちゃん言葉を使わないことは、とても大事なことだと思います。赤ちゃん言葉を言葉として話しはじめるようになると、その後、もう一度誰にでも伝わる一般な言葉・単語を覚え直さなくてはならなくなります。これではママも赤ちゃんも大変です。とくに一緒に接している時間が長いママは、赤ちゃんが側にいるときの大人との会話にも気をつけたほうが良いでしょう」（NPO法人日本子育てアドバイザー協会／増谷幸乃さん）

言葉をどんどん吸収していく時期だけに、できるだけ「正しい日本語」を心がけて生活することで、しゃべりはじめたあとの言葉の覚えも早くなると、期待されているのです。

## ママは赤ちゃん言葉を使わない！

### どんな風にやるの？

**会話をしながら、対応する。「正しい言葉」で話しかける**

ただ、すでに赤ちゃん言葉を覚えてしゃべりはじめてしまっている赤ちゃんも多いと思います。そんなときは正しい日本語（一般的な言葉や単語）に直すためのトレーニングをしていきましょう。

赤ちゃんが「マンマ〜」（ご飯）や「オンモ！」（お外）、「ぶーぶー」（車）などの赤ちゃん言葉をしゃべっているときには、赤ちゃんの顔を見ながら、「〝ご飯〟が食べたいの？」「そっか〜、〝お外〟に行きたいのね〜」などと、赤ちゃんと会話のやりとりをしながら、ママが正しい言葉に置き換えて話しかけてあげるようにします。その際、ご飯であれば食卓にある料理などを指さしながらしゃべるなど、赤ちゃんにそれを見せてあげるとより効果的です。

反対に気をつけたいのは、決して「それはマンマじゃないでしょ！　ご飯！」などと否定的な言葉を使って、正そうとしないことです。あくまで共感する姿勢で話しかけるようにしましょう。

また赤ちゃん言葉に限らず、夫婦の間で使っている言葉遣いなどを赤ちゃんが覚えてしまった場合には、その都度、この「言葉なおし」を実践して、正しい言葉を覚えさせるように心がけましょう。

**✽ POINT ✽**

**「言葉なおし」を上手に行うためのポイント**

- ママは赤ちゃん言葉を使わない。
- 家の中で話す普段の会話でも正しい言葉づかい、正しい日本語を心がける。
- 「言葉なおし」では赤ちゃんと会話をしながら、正しい言葉に置き換えて話す。
- 具体的なものを指さしながら話しかける。
- 「ダメよ！」など、決して否定的な言い方はしない。
- くちびるの動きを手で触れさせることも効果的。

ママのくちびるの動きを赤ちゃんに触らせて確認させましょう

## どんな効果があるの？

### くちびるに触れさせて視覚、触覚にも訴えかける

赤ちゃんと会話しながら「言葉なおし」をする際には、やり方をいろいろと工夫すると、より効果的に正しい言葉を覚えさせることができます。例えば、「お・そ・と」（外）や「ご・は・ん」（ご飯）などの単語を強調して声に出しながら、赤ちゃんの手を持って、自分のくちびるに触れさせるようにします。口の動きを直接触れさせることで、聴覚だけでなく、視覚や触覚にも働きかけるのです。複数の刺激を使って、繰り返し教え込んでいけば、赤ちゃんも自然と理解するようになっていきます。

「赤ちゃんは周りの大人が話している言葉から覚えていきます。ですから、普段の大人同士の会話でも、正しい言葉を使うよう意識することが大切です。とくに『大きい』や『小さい』、『長い』や『短い』、『重い』や『軽い』、『薄い』や『厚い』など、対比表現の言葉は日頃から正しく使い分けるようにしましょう」（NPO法人日本子育てアドバイザー協会／増谷幸乃さん）

物の名前と違い、対比表現は意味のある言葉です。意味が理解できれば、会話ができるようになります。会話ができれば、自分の意志が伝えられるようになります。こうして発達がうながされていくわけです。

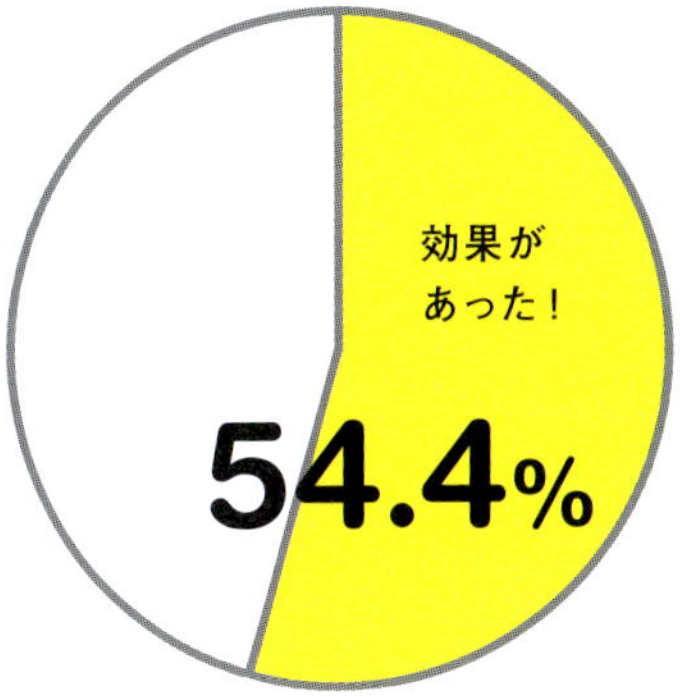


## 「やってよかった!」「試してみる価値あり!!」…
# 「言葉なおし」の効果を実感した現役ママの声

アンケート調査の結果、全体の約54.4%のママが「効果があった」と実感しています。
多くのママが育児法として取り入れているようです。

「"あいうえお"などの発音を自分が声にはっきり出して覚えさせるようにしました」（25歳／東京都）

「赤ちゃん言葉で話しかけないようにしていたら、自然と正しい言葉をしゃべるようになりました」（37歳／千葉県）

「"く・る・ま""つ・く・え"など、一音ずつ区切って発音して聞かせるようにしていました」（31歳／神奈川県）

「赤ちゃん言葉も使っていたけど、"ブーブーだね～、車だね～"と言ったりして、会話の中で正しい単語を教えるようにしていました」（39歳／東京都）

「赤ちゃん言葉で話しかけていたら、すっかり覚えてしまい、直すのが大変だった記憶があります」（40歳／埼玉県）

「私たち夫婦は使わないようにしていたのですが、親戚などが赤ちゃん言葉を使っていて困りました」（33歳／神奈川県）

お役立ち
育児コラム
part.1

育児に悩んだときはここに相談！

# 「電話相談OK！」の育児相談窓口を活用しよう

育児に関して悩んだとき、すぐに誰かに相談したいもの。でも、「わざわざ病院などの専門機関に行くのは大変で…」という人も多いはず。ここでは、そんなママのために、「無料」で「電話相談 OK」の相談窓口を厳選してご紹介します。

### エンゼル110番

☎ 03-3405-0110（東京）
☎ 06-6365-0110（大阪）

森永乳業が運営している育児相談サービス。妊娠中から学齢時期まで、幅広い相談内容に対応している。

受付時間：月～土 10：00 ～ 14：00

www.angel110.jp

### 母と子の健康相談室

☎ ＃8000 ※1
☎ 03-5285-8898 ※2

東京都が運営。保健所や保健センターが終了している時間帯でも利用できる。母と子の健康に関する相談に、経験豊富な保健師や助産師が対応してくれる。

受付時間：月～金 17：00 ～ 22：00、土日祝 9：00 ～ 17：00

### 子育て・女性健康支援センター

☎ 03-3866-3072（代表）

日本助産師会が運営。妊娠・出産・子育ての悩みなど幅広く対応している。全国に相談窓口があるので、最寄りの窓口をHPでチェックしましょう。

受付時間：火 10：00 ～ 18：00

www.midwife.or.jp/general/supportcenter.html

### 子育てホットライン ママさん110番

☎ 03-3486-4416

日本保育協会が運営。乳幼児の子育て全般についての疑問や質問に答えてくれる電話相談窓口。

受付時間：月～金 10：00 ～ 16：00

www.nippo.or.jp

### 赤ちゃん相談室

☎ 0120-415-885

ジョンソン&ジョンソンが運営する相談窓口。妊娠中のことや赤ちゃんに関する相談ごとに幅広く対応している。

受付時間：月～金 10：00 ～ 16：00

http://johnsons.jp/baby/faq/

### 食の生活110番

☎ 03-3423-0110

東京ガスが運営する、食についての疑問に答える相談窓口。管理栄養士など専門家が個別にアドバイスしてくれる。

受付時間：月～金 10：00 ～ 16：00

http://home.tokyo-gas.co.jp/shoku110/

※1：プッシュ回線の固定電話・携帯電話　※2：ダイヤル回線・IP 電話などすべての電話、町田市の固定電話

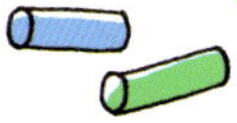

# 3カ月～8カ月ごろまでに、はじめたい知育法

3カ月をすぎ、首がすわると、次第に「ぶーぶー」「あーあー」など喃語を話しはじめ、感情が豊かになってきます。

さらに5～6カ月ごろになり、一人でおすわりができるようになると、両手を使った様々な遊びにチャレンジできます。

一緒に遊びながら、言葉も少しずつ覚えさせていきましょう。

**55.2%** のママが効果を実感！

# 「あ～」や「ま～」を意味のある言葉にする「会話遊び」

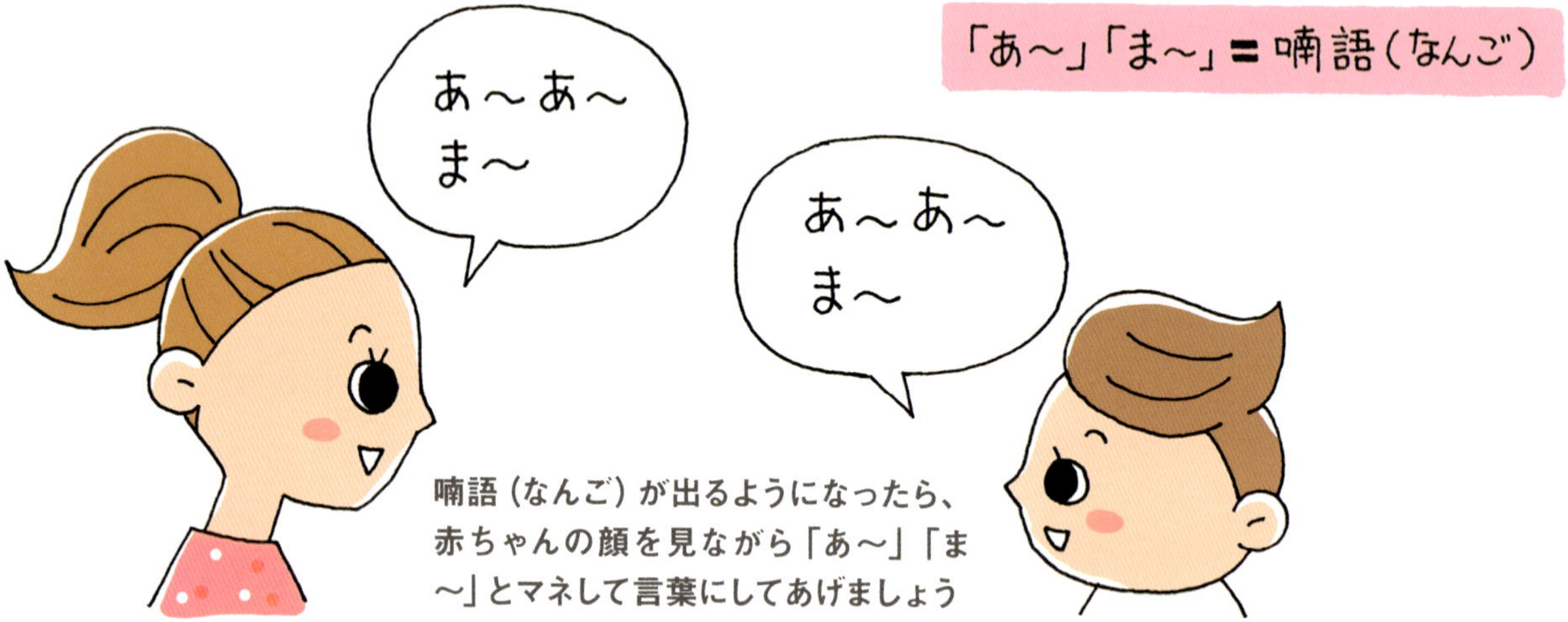


喃語（なんご）が出るようになったら、赤ちゃんの顔を見ながら「あ～」「ま～」とマネして言葉にしてあげましょう

どんな育児法なの？

## 喃語（なんご）が出たら、マネして遊んであげる

4～5カ月を過ぎたあたりから、赤ちゃんは「あ～」や「ま～」など言葉のようなものを口にしはじめるようになります。これは喃語（なんご）といって、乳児が意識して意味ある言葉を話す、前段階に発する言語です。赤ちゃんは喃語の発音を繰り返すことで、より正確な発音ができるように、声帯の使い方や発音の際の横隔膜の使い方を学んでいます。

この喃語が出るようになったら、まずは赤ちゃんの顔を見ながら、その喃語の発音をマネして言葉にしてあげましょう。例えば、赤ちゃんが「あ～」と言ったら、ママも「あ～」と繰り返します。「どうしたの？」と聞き返したり、何か意味のある言葉に正してあげる必要はなく、はじめはただオウム返しするだけで構いません。

ママがマネをすると、赤ちゃんも喜び、喃語を積極的に発するようになっていきます。そして、何度も喃語を発するうちに、自然と正確な発音ができるようになるというわけです。

さらに、この遊びはただの発声の練習ではなく、マネをするときに働く脳内の「ミラーニューロン」を鍛えることにつながり、脳の発達をうながすのに効果的だと言われています。

※ミラーニューロン…「人のまね」をしたり、表情から「心」を読む手助けをする脳内物質

「やってよかった!」「試してみる価値あり!!」

### 「会話遊び」の効果を実感した現役ママの声

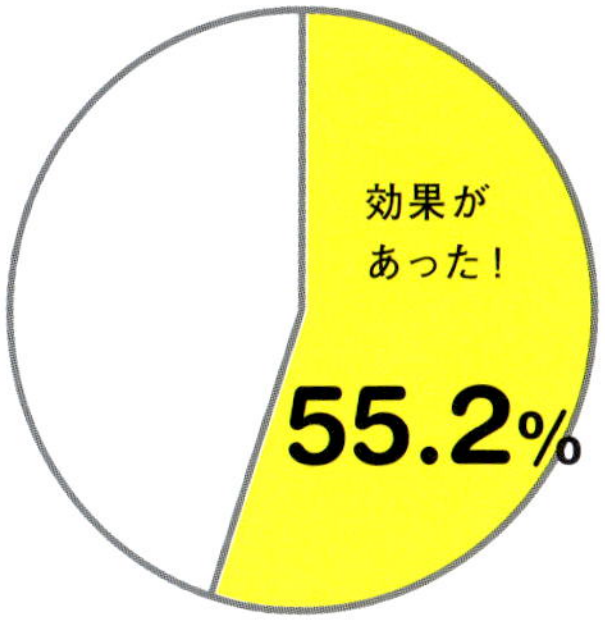
効果があった！
55.2%

・「話し出す時期が非常に早かったと思います」（30歳／東京都）
・「良く笑ってご機嫌にお話するようになりました」（27歳／千葉県）
・「話しかけることで言葉を早く覚えました」（24歳／神奈川県）

ま〜
「ママ」ね〜
ん、ん…
マ〜！
発音の度にくりかえし
言葉にして声をかける

**POINT**

**「会話遊び」を上手に行うためのポイント**

- 喃語（なんご）は発音のための練習段階。
- 最初はママも同じ言葉をオウム返しして、喃語をたくさんしゃべるようにうながす。
- 慣れてきたら、「ま〜」＝「ママね〜」と意味のある言葉に関連づけて話しかけていく。

## どんな風にやるの？

### 意味のある言葉に関連づける

喃語（なんご）の発音をママと一緒に繰り返しできるようになったら、今度はその喃語を意味のある言葉に直していく「会話遊び」をしましょう。

赤ちゃんは何かしらの「感情表現」のひとつとして喃語を発音しています。そこで例えば「ま〜」と赤ちゃんがしゃべったら、「ママのことだね〜」などといって、喃語を意味のある言葉に関連づけていくようにします。お腹が空いてミルクを欲しがっていたり、おむつが気持ち悪いことを訴えている場合もあります。そんなときも「ミルクがほしいのね〜」「おむつを替えようね〜」などと、意味のある単語を織り交ぜながら、言葉をかけるようにしましょう。

## どんな効果があるの？

### 言葉の上達をうながす

アンケートの結果、「会話遊び」は効果があると実感したママから、「とにかく声をたくさん出すようになりました」（33歳／埼玉県）や「言葉の発達が早くなったと思います」（38歳／千葉県）など、話しはじめの時期が周りの赤ちゃんに比べて早かったという内容のコメントが多く寄せられています。

**75.3%** のママが効果を実感！

# 「ストロー飲み」を覚えさせる

吸綴反射（きゅうてつはんしゃ）

↓

**口に入れたものはなんでも**
**無意識に吸おうとする反射のこと。**
**人間の原始的反応**

## どんな育児法なの？

### その後の食事のためにも早い時期から練習をはじめる

赤ちゃんには生まれつき、自分の意志とは関係なく、刺激に対して反射的に行う原始反射というものが、いくつか備わっています。たとえば、赤ちゃんの手のひらに指を入れるとしっかり握りかえしてくる「手の握り反射」などがよく知られています。口に入ってきたものを反射的に吸う「吸啜（きゅうてつ）反射」も、そのひとつです。生まれて間もない赤ちゃんの口に、ママのおっぱいを含ませただけで、すぐに自分で吸いはじめるのは、この吸啜反射があるからです。しかし、生後1～2カ月もすると、次第にこの吸啜反射は弱くなっていきます。

そのタイミングを見計らって、ストロー飲みの練習をはじめる知育法があります。「ストローで吸う」という行動は、自分の意思で行う高度な運動です。「どれだけの量を飲むのか」を自分で決め、また「どれくらいの力で吸うのか」を考えなければいけません。口の中に入ってくる水分の量を自分で調整しながら行う必要があるのです。

したがって、脳を刺激する効果があると言われています。最初は加減が分からず、強く吸いすぎてしまったり、飲みきれない量を口に含んでしまう危険があるので、ママが側について注意しながら、練習させてみましょう。

「やってよかった!」「試してみる価値あり!!」

## 「ストロー飲みの練習」の効果を実感した現役ママの声

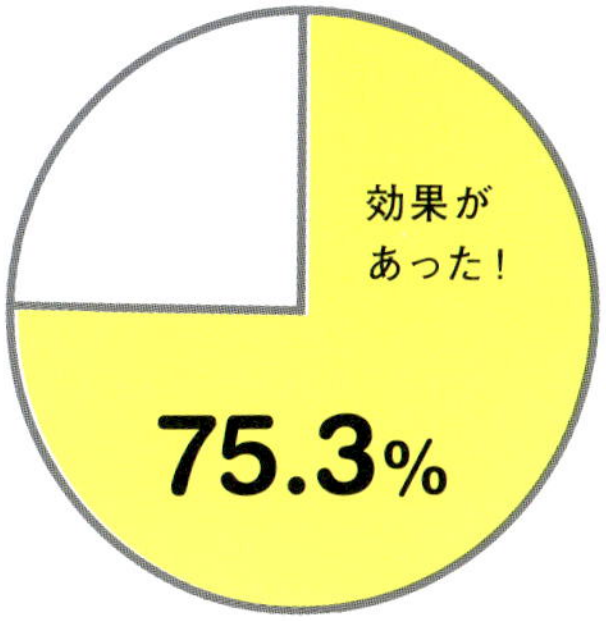


・「口元を鍛えることで言葉をしゃべる基礎ができました」（29歳／東京都）
・「ひとりでお水が飲めるようになりました」（33歳／埼玉県）
・「ストローマグを使って覚えさせました」（35歳／千葉県）

透明のストローがオススメ。液体が口に入ってくるのが見えてわかりやすい

**POINT**

**「ストロー飲み」を上手に行うためのポイント**

- 「吸啜反射」が弱くなってきたら練習を始める。
- 赤ちゃんにとっては吸い込む量や力の調整が必要な複雑な作業。
- 透明なストローを使って、吸い込む量とスピードを確認する。
- コップやペットボトルでの飲み方も教えることで、話すという行為につながる。

## どんな風にやるの？

### 吸い込む量とスピードを確認

　声をかけながら赤ちゃんの口にストローをくわえさせて、まずストローに慣れさせましょう。慣れてきたら、コップなどからストローで水分を吸う練習をしていきます。ママは吸い込む量やスピードをよく確認して、飲み過ぎたりして吐いたりしないように注意しましょう。透明なストローを使えば、液体が口の中に入ってくる様子が見えるので便利です。「ストロー飲みができるようになったら、その他、吸い飲みやコップ、ペットボトルなどを使ったいろいろな『飲み方』を経験できるようにしましょう。口やくちびるの複雑な使い方を学ぶことで、言葉を上手にしゃべることにつながります」（NPO法人日本子育てアドバイザー協会／増谷幸乃さん）

## どんな効果があるの？

### 育児が楽になる効果も

　言葉の上達をうながすといわれるストロー飲みですが、アンケートでは、知育効果以外にも「ストローで飲めるようになって食事が楽になりました」（36歳／千葉県）や「何でも自分で飲めるようになりました」（30歳／埼玉県）など、食事が楽になったと実感するコメントが寄せられています。

**67.5%** のママが効果を実感!

# 「どっちにある?」と問いかけて ワーキングメモリーを鍛える

## ワーキングメモリー（作業記憶・一時的記憶）をさらに鍛える

前頭前野のワーキング メモリーを刺激
どっち??
?
?
ち…
どっちに あるかな〜?
見せる時間を短くしていくことで、
ワーキングメモリーを
さらに鍛えられる

### どんな育児法なの?

## 「覚えている」ことで ワーキングメモリーを鍛える

何か作業をするときの一時的な記憶である「ワーキングメモリー」は鍛えるほど、脳の前頭前野を刺激すると言われています。「いない・いない・ばあ」（P22〜P25）などがワーキングメモリーを鍛える遊びですが、それができるようになったら、さらに高度な遊びを取り入れてみましょう。それがこの「どっちにある?」遊びです。

両手を広げ、一方に手を握ると隠れるほどの大きさの物を置きます。それを赤ちゃんに見せたあと、両手を閉じて「どっちにある?」と問いかけ、赤ちゃんにどちらの手の中に入っているか、当てさせるという遊びです。これは久保田式子育てなどでも紹介されている遊びなのですが、ワーキングメモリーを鍛える方法の中でも高度なものとして紹介されています。

なぜ高度か言うと、ママの手にあったものが一度まったく見えなくなるからです。赤ちゃんはどちらの手に握られているかを「覚えている」必要があります。したがって顔の一部が見えている「いない・いない・ばあ」よりも難しくなりますが、その分、脳をより刺激すると考えられています。

できないのが当たり前という気持ちで、遊びの一環として楽しみながらやってみましょう。

※ワーキングメモリー…何かをするために「一時的」に覚えておく能力。「作業記憶」「一時的記憶」とも呼ばれる

## どんな風にやるの?

### 「どっちにある?」と問いかけて赤ちゃんに当てさせる

まず、ママは両手を開いた状態にして手のひらを上に向け、赤ちゃんに見えるようにします。このとき、片方の手にはアメ玉やビー玉、おはじきなど手のひらで握れるものを置いておきます。赤ちゃんがしっかり見たのを確認したら、手を握ってグーの状態にします。そして「どっちにあるかな〜」などと問いかけをして、赤ちゃんに当てさせるようにうながします。手を握り隠す時間を少しずつ長くしていくのも、効果的です。20〜30秒間、隠していても当てられるようにがんばってみましょう。

どちらの手の中にあるか、当てることができるようになったら、今度は両手を開いて握っているものを見せる時間を短くしていきましょう。短時間で記憶することでワーキングメモリーをより鍛えられます。

「どっちにある?」遊びは、ママへのアンケートでも、「物を隠す手の動きを見て物事を判断する力が身に付きました」(33歳/東京都)、「集中力がついたと思います」(30歳/埼玉県)など、その効果を実感するコメントが多く寄せられています。

もちろんこれは少し高度な遊びなので、すぐに赤ちゃんが反応を示さない場合もあります。そんなときは焦らずに何度も繰り返しやってみましょう。

**✻ POINT ✻**

**「どっちにある?」を上手に行うためのポイント**

- 「いない・いない・ばあ」ができるようになったら、やってみる。
- ビー玉やおはじき、あめ玉など、手のひらをグーにして握れる程度の小さなものを使う。
- 「どっちにある？」でさらにワーキングメモリーを鍛えられる。
- 赤ちゃんの集中力や興味に合わせて、物を見せている時間や隠す時間を変えて遊ぶ。
- 高度な遊びなので、できなくても焦らずに何度もやってみる。

**一度赤ちゃんに手のひらの物を見せた後、体の後ろに手をまわして完全に見えなくします**

## どんな効果があるの？

### 体の後ろに手を隠して遊ぶ高度なワーキングメモリー訓練

これまでの「どっちにある？」遊びができるようになったら、さらに別の遊びにも挑戦してみましょう。今度は手のひらを見せて、どちらの手にものがあるか見せたあとに、一度両手をママの体の後ろに隠してしまいます。そして、「さ〜、どっちにあるかな〜」と言ってから、握った両手を赤ちゃんの目の前に出して、当てさせます。この方法では、赤ちゃんはどちらの手に物があったか、覚えていることがより難しくなるため、さらにワーキングメモリーが鍛えられると考えられています。

赤ちゃんの発育状況に合わせて、物を見せている時間や隠す時間を変えるなど、赤ちゃんの興味を引き出せるように工夫すれば、より楽しく遊べるはずです。

この知育法を取り入れているママも多く、また様々な効果を実感しているようです。「想像力を高めます。生後2〜3カ月のころからずっと行っていますよ。手のひらに隠すのではなく、コップを使ったり、箱に入れてみたり、子どもが飽きてしまわないよう自分で応用してやらせています」（30歳／千葉県）、「思考力がアップしたと思います」（25歳／千葉県）、「予想し考える力がついたと思います」（33歳／千葉県）と言った意見も寄せられています。

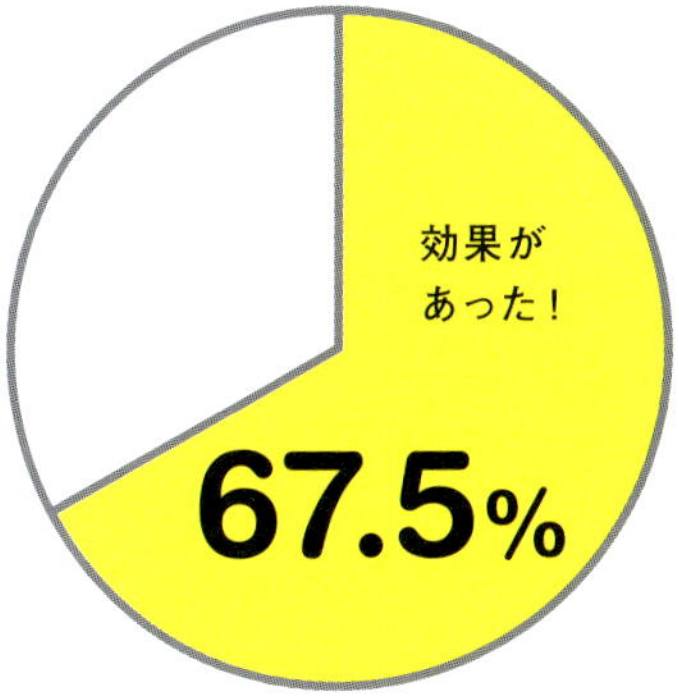


# 「やってよかった!」「試してみる価値あり!!」…「どっちにある?」の効果を実感した現役ママの声

アンケート調査の結果、全体の約67.5%のママが「効果があった」と実感。
観察力や思考力など「考える力」がついたという内容のコメントが数多く寄せられています。

「思考力がアップしたと思います」（25歳／千葉県）

「自分で考えて答えたり、隠したり想像することができるようになったと思います」（34歳／千葉県）

「言葉が話せないころでも、指さしでコミュニケーションがとれるようになりました」（36歳／東京都）

「予想し考える力がついたと思います」（33歳／千葉県）

「私のすることをよく観察し、考えるようになりました。自分でも行うようになりました」（32歳／神奈川県）

「外出先でも手軽に遊べて、ぐずったときなどにとくに効果がありました」（37歳／神奈川県）

「想像力を高めます。生後2、3カ月からずっと行っています。手のひらや、コップ、箱に入れたりと応用もできる遊びです」（30歳／千葉県）

「観察力が鋭くなったと思います」（37歳／神奈川県）

**75.6%**
のママが
効果を実感!

# 「これなあに?」と尋ねながら言葉を覚えさせる

## どんな育児法なの？

### しゃべれなくても覚えている言葉を覚えるきっかけに

1歳前後から赤ちゃんも「あー」や「うー」などの「喃語（なんご）」をしゃべりはじめますが、しゃべりはじめるまで言葉をまったく理解していないわけではありません。赤ちゃんは生まれてすぐから、まわりの大人が発する言葉を無意識のうちに脳内にインプットしています。

ですから、言葉をしゃべれない時期にも、積極的に言葉を覚えさせることが大切です。身の回りにあるものを利用したり、絵本の読み聞かせをするなどしながら「これなあに?」と語りかけを行い、いろいろな言葉を声に出して聞かせてあげましょう。

ママへのアンケート結果を見ても「『これなあに?』を続けたことで、早く会話ができるようになったと思います。食べ物の名前を憶えると、それを食べてくれることもあったので、憶えることが楽しくなったのかもしれません」（32歳／千葉県）、「まだ言葉が話せないときから、よく物を指さしながら『これは○○ですよ～』と話しかけていたので、言葉を話し始める時期がより早くなったと思います」（33歳／神奈川県）といった声が多数寄せられました。他の赤ちゃんと比べて、話しはじめの時期が早くなったという実感や、上手に話せるようになったという印象が強いようです。

絵本の中の動物や食べ物などを指さしながら問いかけましょう

どんな風にやるの？

## 絵本を使って物の名前を語りかける

まずは動物やおもちゃ、食べ物など、赤ちゃんが興味を示しそうな絵がたくさん載っている絵本を使い、書いてある絵を指さしながら、赤ちゃんに語りかけていきましょう。「これはなにかな〜」と話しかけながら絵を見せることで、赤ちゃんの興味を引き付けやすくなります。

もちろん、赤ちゃんはまだしゃべれない時期なので、赤ちゃんの返事を待つ必要はありません。「これは犬だね。かわいいね〜」「これはリンゴね。色がきれいだね」などと、指さしたものの名前を言葉にして聞かせてあげましょう。抱っこしながら行うと、スキンシップにもなり、より効果的です。

「言語を吸収する臨界期は2歳ごろと言われています。そのため、この時期は多くの言葉を覚えていきます。そのため、このような〝語りかけ〟をしながらの遊びはこの時期とても重要です。赤ちゃんの反応があまりなくても、気にせずどんどん話しかけましょう」（NPO法人日本子育てアドバイザー協会／増谷幸乃さん）

ちなみに臨界期というのは、何かを憶えたり、感じたりする脳内の神経回路が、外からの刺激によって集中的に作られたり、回路の組み替えが盛んに行われる時期のことを指します。

## 赤ちゃんが興味を示すものを数多く見せてあげる

### ✽POINT✽

**「これなあに？」の言葉覚えを上手に行うためのポイント**

- 動物や食べ物、おもちゃなど、赤ちゃんが興味を持ちそうなものが載っている絵本を使う。
- 「これなあに」「なんだろうね」と話しかけることで、赤ちゃんに興味を持たせる。
- 問いかけたあとは赤ちゃんの反応を見つつ、その名前をママが声に出して聞かせる。
- 反応がなくても繰り返し言葉を聞かせることが大切。

### どんな効果があるの？

## 様子や表情を確認しながら見せるものを工夫する

絵本だけではなく、身の回りにあるさまざまなものを使いながら「これなあに？」遊びを行うのもひとつの方法です。ゴムボールや積み木、ぬいぐるみ、カラーコップなど赤ちゃんが興味を持ちそうなものを回りに置いて、同じように話しかけましょう。

「お母さんが一方的にペラペラとしゃべるのではなく、赤ちゃんの興味の様子や表情を確認しながら〝語りかける〟ことが大切です」（NPO法人日本子育てアドバイザー協会／増谷幸乃さん）

また、ママへのアンケート結果を見ると「お風呂に大好きな動物のポスターを貼って、動物を指さしながら名前を覚えさせました。心なしか覚えが早かったように思います」（35歳／千葉県）や「動物の写真を見せて、覚えさせました」（36歳／神奈川県）、「絵本を見ながら教えて、その次は実物を見ながら教えるようにしました。そのせいか、早く言葉を覚えたような気がします」（33歳／東京都）といった意見が多く見られました。

より効果を実感するためには、赤ちゃんがどんなものに興味を持つのか、その様子を確認しながら、見せる絵柄や写真を、自分なりに工夫して話しかけることがポイントのようです。

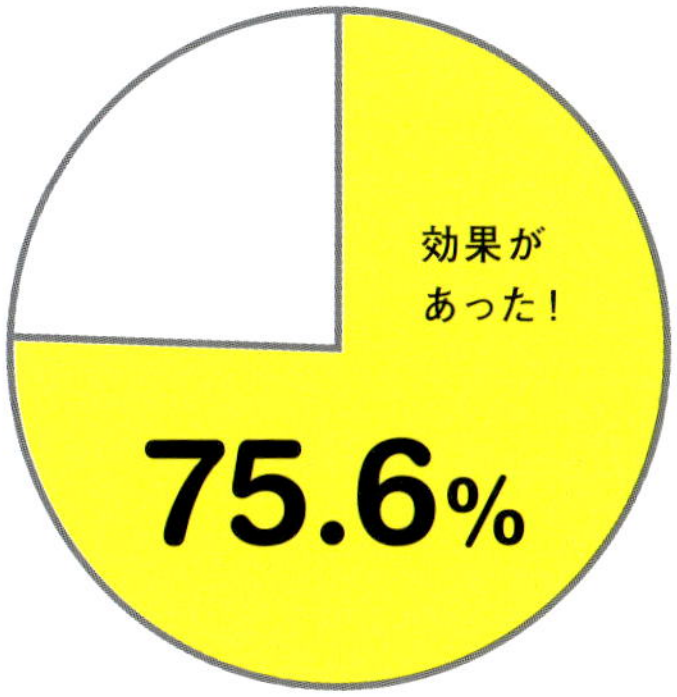


# 「やってよかった!」「試してみる価値あり!!」…「これなあに?」の効果を実感した現役ママの声

アンケート調査の結果、全体の約75.6%のママが「効果があった」と実感。
いろいろな言葉を覚えさせるのに役に立ったという内容のコメントが数多く寄せられています。

「言葉を覚えるようになりました」（29歳／神奈川県）

「いろんな物の名前に興味があり、今では何でも子供のほうから“これなに？”と聞いてくるようになりました」（28歳／千葉県）

「物への興味を喚起できました。言葉を早く覚え、名前を言えるようになりました」（36歳／神奈川県）

「いろいろ覚えさせるために必要だと思います。いろいろなことに興味を示して自分からも聞くようになりました」（37歳／東京都）

「これはいつもやっていました。逆に子どもから聞かれることもあり、コミュニケーションの一環としてもよかったと思います」（38歳／千葉県）

「ゲーム感覚で動物の鳴き声や名前を覚えることができるようになりました」（35歳／神奈川県）

「自ら物に興味を持って何でも聞くようになりました」（26歳／千葉県）

「単語を覚えるのが本当に早かったと思います」（33歳／東京都）

60.7%のママが効果を実感！

# ペグさしやプラステン、ねじまわしブロックで遊ばせる

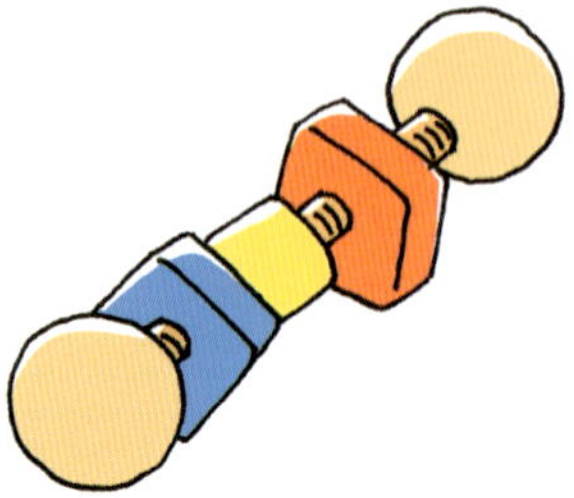

ネジまわしブロック

「ボルト」と「ナット」のおもちゃで手先の器用さを養える。木やプラスチックで作られたものが一般的

プラステン

穴のあいたリングを台にある棒に入れていくおもちゃ。月齢に合わせていろいろな遊び方ができる

ペグさし

ペグ棒をボードにあいた穴に差し込んで遊ぶ。上手に差し込めるように練習して手先の器用さを養う

## どんな育児法なの？

### 器用さを身につけるため さまざまなおもちゃで遊ぶ

1歳前後の時期には、赤ちゃんは身の回りにあるいろいろなものに興味を持ち始めて、手でつかもうとします。ちょうどドアノブをつかんで回したりするのもこの時期です。そのような行動をするようになってきたら、「ペグさし」や「プラステン」、「ねじまわしブロック」などを赤ちゃんに与えて、思いっきり遊ばせてみましょう。

穴に棒を指したり、ねじったりする動作は、手先、指先を思い通りに動かすための訓練になります。

また同時に、手先を器用に動かしながら、物の仕組みを理解することにもつながります。穴にどのような向きで棒を挿せば、挿さるのか。どちらの方向にネジを回せば、ネジが取れるのか。体感し、経験しながら学ぶことができるからです。

そのため、ママが一緒になって遊ぶときには、赤ちゃんが挿したり、ねじったり、組み合わせたりする際に、手首や指先をしっかりと動かすようにうながすことを大切にしてください。

このほかにも、同じような知育効果を狙ったさまざまな知育玩具があります。簡単に遊べるものからより複雑なものまで、赤ちゃんの月齢に合わせて手先を使う多くのおもちゃで遊ばせてあげましょう。

プラステン

棒に穴のあいたリングを上手に抜き挿しできるように遊んだり、リングの色を合わせたりして遊ぶ

ペグさし

色別や長さ別にペグ棒を挿して遊ぶなど、使い方次第で脳を刺激するさまざまな遊びができる

## どんな風にやるの？

### 手先を使うことを重視して「集中力」も鍛えられる

【ペグさし】

ペグ棒をボードに挿し込んで遊ぶおもちゃで、両手の手先の器用さを養うことができます。また、色別や長さ別にペグ棒を挿して遊ぶなど、使い方次第で脳を刺激する高度な遊びをすることもできます。効果を実感したママからは「手先が器用になりました。集中力もついたと思います」（36歳／東京都）や「静かに落ち着いて遊べるようになり、集中力がつきました。また器用になり、絵が上手になりました」（33歳／東京都）など、「集中力」を養うのに効果的という声が多く寄せられています。

【プラステン】

最初はリングをただ触っているだけの赤ちゃんも月日が経つと、いろいろな使い方ができるようになります。棒にリングを挿したり、抜いたりして遊べるようになったら、今度は「上手に」抜き挿しできるようにうながしてあげましょう。最初は斜めに引っ張って台を倒すなど、うまく抜けなかった赤ちゃんも、だんだん上手に抜き挿しできるようになります。楽しさを実感して、集中して取り組めるようになれば、さらに効果的です。また同じ色のリングだけを集めさせて、棒に挿す動作も効果があると言われています。

### POINT

**さまざまなおもちゃで
器用さを養うためのポイント**

- 「ペグさし」や「プラステン」「ねじまわしブロック」など、ひとつではなく、多くの種類のおもちゃで遊ばせる。
- 両手を使って、手先の器用さを養うことを大事にする。
- 月齢に応じた遊び方をさせる。
- ママも一緒になって遊び、マネさせることで、脳内のミラーニューロンを刺激することができる。
- 楽しさを理解することで、赤ちゃんの「集中力」を養うことができる。

**まずはママがやってみせるのも効果的**

## どんな育児法なの？

### ママのやり方を見せて マネして遊ぶことも大切

赤ちゃんをひとりで遊ばせても良いのですが、ママと一緒に遊ぶこともとても大切です。月齢に合わせた遊び方をまずママがやってみせることで、赤ちゃんはそれをマネして遊ぶようになるからです。この「マネをする」という行為は、脳内のミラーニューロンを刺激することになり、前頭前野の発達につながると言われています。

　したがって、プラステンなどでママが上手に挿したり抜いたりする姿を見せれば、赤ちゃんも「こうすればうまくいくのか～、自分もはやくやりたい！」と思うようになり、さらに複雑な遊びをしたくなる欲求を刺激できるでしょう。

　こうした欲求を持つことで、赤ちゃんは自分から積極的に遊ぼうとします。楽しいと感じることで、知育効果もアップします。

　効果を実感したというママからは「遊ばせているうちに仕組みを理解するようになりました」（35歳／東京都）や「発想が豊かになったと思います」（32歳／埼玉県）といった意見が寄せられています。「これをどうやったら、ああなるのだろう？」そんな風に仕組みを考え、理解することは、創造力や考える力を養う第一歩です。ぜひ赤ちゃんと遊ぶためのおもちゃのひとつとして活用してみてください。

※ミラーニューロン…「人のまね」をしたり、表情から「心」を読む手助けをする脳内物質

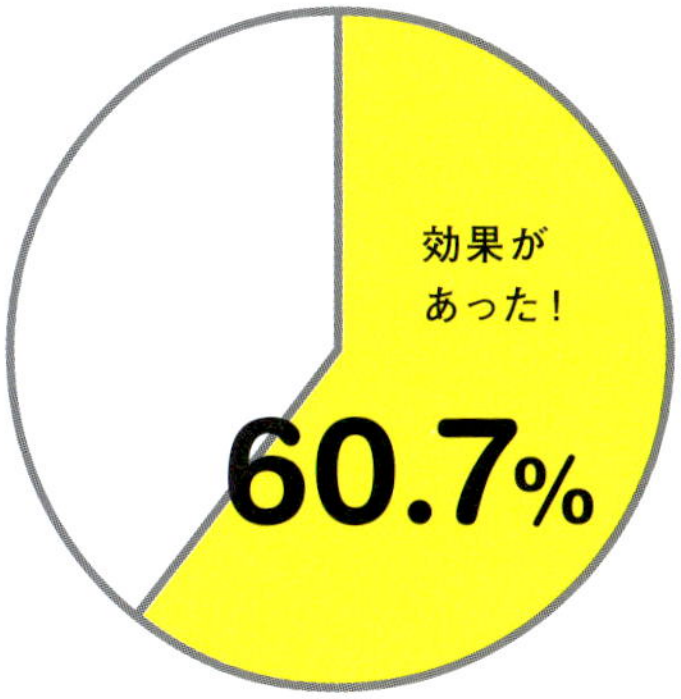


## 「やってよかった!」「試してみる価値あり!!」…

# 「器用になるおもちゃ」の効果を実感した現役ママの声

アンケート調査の結果、全体の約60.7%のママが「効果があった」と実感。
手先の器用さを養えるとともに、想像力や集中力がついたという内容のコメントが数多く寄せられています。

「楽しく実用的な手の動きを覚えることができました」（39歳／千葉県）

「道具を使う遊びが好きになりました」（38歳／神奈川県）

「手先が器用になり、集中力がついたと思います」（36歳／東京都）

「形などを認識することが得意になり、いろいろなものに興味を持つようになりました」（37歳／神奈川県）

「ひとりで喜んで遊べるようになりました」（33歳／東京都）

「発想が豊かになりました」（32歳／埼玉県）

「遊ばせているうちに仕組みがわかるようになりました」（35歳／東京都）

「生後6カ月ぐらいからずっと遊んでいました。触っているものの組み立て方を自分で考えたり、形を言ったりして、物に対する理解や想像力が育ったと思います」（33歳／千葉県）

お役立ち
育児コラム
part.2

ケータイサイトで育児をサポート

# お手軽&便利な育児応援サイトをチェック！

「育児と家事に大忙しでパソコンでネットを見る暇がない…」というママでも、ケータイサイトなら育児をしながらでも手軽に利用できますよね。ここでは育児中のママにオススメの育児に役立つケータイサイトを厳選してご紹介。ネットを上手に利用して、育児に役立つ情報をゲット！

## 『hahaco』
**http://haha-co.jp**

**子供の発育に合わせたお役立ち情報を配信**

妊娠・育児応援サイト。妊娠・育児中のママの不安や悩みをサポートし、誰もが知りたい情報が満載。電子母子手帳として妊娠・出産・育児中のデータを記録できる。ママ同志のコミュニケーションの場も提供しているのでぜひ活用しよう。

## 『ママニティ』
**www.mamanity.net**

**圧倒的な情報量と便利ツールがいっぱい！**

妊娠・育児情報が満載。医療の専門知識・用語集から育児日記機能、レシピ関連情報まで、知りたいことがすぐにわかる！そのほか、妊娠・育児情報が先取りできる「ママニティ新聞」や「芸能人コラム」などのママニティならではのコンテンツも充実。

## 『はっぴーママ.com モバイル』
**http://m.happy-mama.com**

**妊娠生活や子育てのお役立ち情報を配信！**

PCサイト『はっぴーママ.com』のモバイルサイト。これからママになるプレママと、小さなお子さんを育てているママたちに、悩み解消や子育ての楽しさを伝えるさまざまな情報・サービスを用意した妊娠・出産・育児のコミュニティサイト。

## 『プレベビコモ』
**http://prebabycomo.edia.ne.jp**

**育児雑誌と連動したコンテンツが魅力的！**

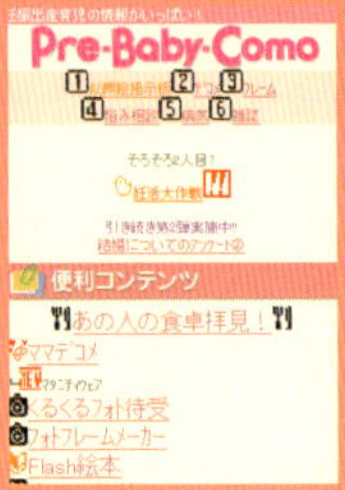


妊娠・出産・育児をテーマにしたモバイルサイト。主婦の友社が発行する育児雑誌の誌面と連動したフォトコンテストや、子育てに関するお役立ち情報、ママ向けコミュニティサービスなど、さまざまなコンテンツを提供している。

## 『ベビカムモバイル』
**http://m.babycome.ne.jp**

**妊娠・出産・育児をトータルでサポート**

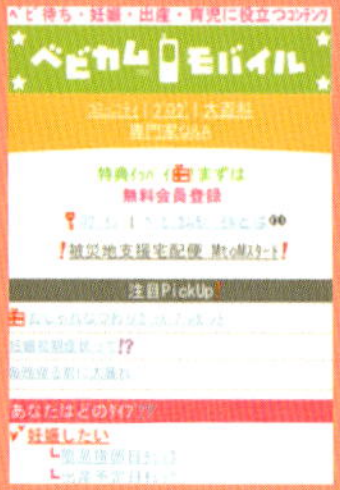


PCサイト『ベビカム』のモバイルサイト。「ベビカムコミュニティ」「ベビカムブログ」のサービスと完全に連動し、手軽にブログやコミュニティの動向をチェックできる。月齢別の妊娠・出産・育児大百科など、育児中のママに役立つコンテンツも配信中。

# 8カ月～1歳半ごろまでに、はじめたい知育法

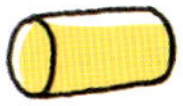

8カ月をすぎるとハイハイができるようになり、活発に動くようになります。
そして、10カ月近くになると、伝い歩きができるようになります。両手が自由に動かせるため、
好奇心も旺盛になり、あちこちに行きたがるようになります。運動神経を鍛える遊びを積極的に取り入れていきましょう。



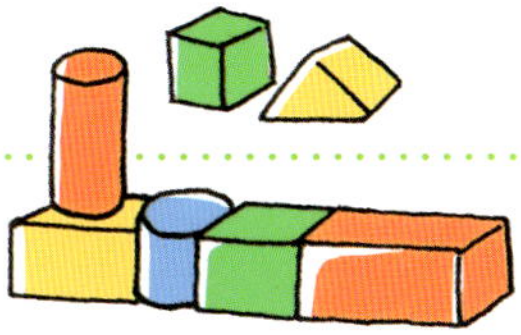

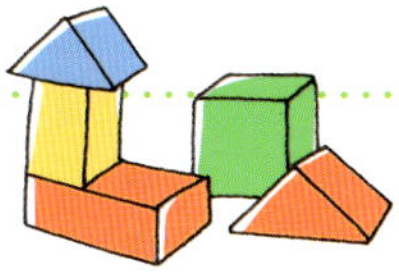

**70.4%**
のママが
効果を実感！

# 「立ち歩き」を覚えさせる

低いテーブルを使った『伝い歩き』

全身鏡の前で、つかまりながら歩く

## どんな育児法なの？

### ひとりで歩けることで身の回りの世界が一気に広がる

8カ月〜1歳半のこの時期は、大脳の神経回路が爆発的なスピードで発達する「限界期」と呼ばれ、脳を発達させるためにとても大切な時期です。これまでは座った状態で、いろいろな刺激に反応して行動してきましたが、つかまり立ちやひとりで歩けるようになると、自分で考えて行動するという知能が芽生えてきます。赤ちゃんにとって、「歩ける」ということは身の回りの世界が一気に広がることになり、それだけ多くの刺激を受けることにつながるのです。

したがって、つかまり立ちができる程度に下半身が発達してきたら、立ち歩きのトレーニングを積極的に行いましょう。もちろん、トレーニングを行わなくても、そのうちひとりで歩けるようにはなりますが、脳が爆発的に成長する時期にたくさんの刺激を与えるためには、ママのサポートで立ち歩きを覚えさせることが重要です。

アンケートの結果、立ち歩きを覚えさせる効果を実感したママからは「9〜10カ月ころから始めました。その後、すんなりと歩けるようになったと思います」（37歳／埼玉県）、「歩きは練習させないとダメ。毎日練習したらすぐに歩けるようになりました」（31歳／神奈川県）などといったコメントが寄せられています。

「やってよかった!」「試してみる価値あり!!」

## 「立ち歩き」の効果を実感した現役ママの声

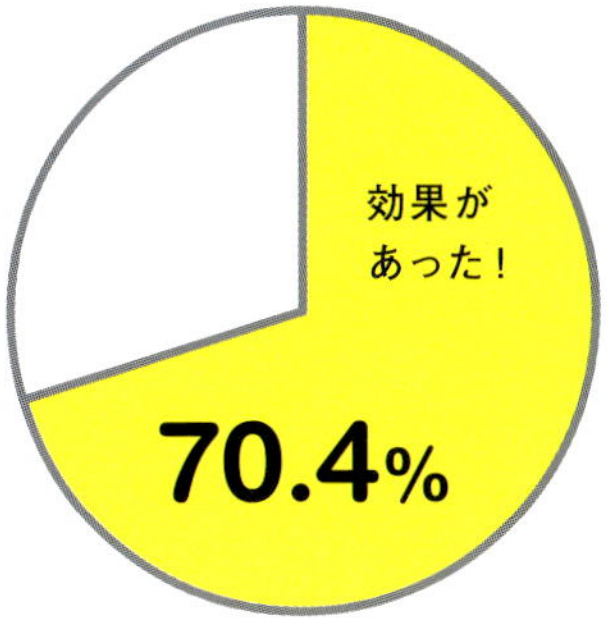


・「早い時期から歩けるようになりました」(29歳／東京都)

・「足腰が強くなったと思います」(34歳／東京都)

・「ひとりで立って歩けるようになるのが早かったと思います」(26歳／千葉県)

赤ちゃんと片手だけをつないで
歩く練習もしましょう。
逆の手でも同じように行います

### POINT

**「立ち歩き」を上手に行うためのポイント**

- ひとりで歩けるようになると、自分で考えて行動するという知能が芽生えてくる。
- 「伝い歩き」や「鏡」を使った練習で、ひとり歩きを覚えさせる。
- 「立ち歩き」の練習の際は足は肩幅くらいに開き、かかとはしっかりと床につける。

## どんな風にやるの？

### 「伝い歩き」や「鏡」を使う

個人差はありますが、一般的に10カ月～1歳前後になってくると、不安定な状態ながらも自分で立つことができるようになります。このような時期には「伝い歩き」や「鏡の前で立つ」などの方法を行って、ひとりで歩けるように練習をしていきましょう。

【伝い歩き】…赤ちゃんがちょうど手でつかめるぐらいの低いテーブルを用意して、テーブルのふちにつかまりながら歩く練習をさせましょう。ママは離れた所から「ほら～、こっちにおいで～」と声をかけて、おもちゃなどを見せて赤ちゃんの興味を引くようにしましょう。

【鏡の前に立つ】…全身鏡などを使って、鏡に映る自分の姿に興味を持たせることで、つかまりながら長い時間立っていられるように練習させましょう。つかまり立ちをするときは、足は肩幅くらいに開き、かかとをしっかりと床につけるよう教えます。

## どんな効果があるの？

### 複雑で高度な刺激を脳に与える

二本の足で歩くという行為は座ったままの状態よりも、両手が自由に使えるようになるということもあり、複雑で高度な刺激を脳に与えると言われています。

**76.2%** のママが効果を実感！

# スプーンの持ち方を教える

**3本の指でつまむという運動になり、脳の「前頭前野」や「運動野」が刺激されます**

## どんな育児法なの？

### 脳の発達のためにも3本の指で持つことが大切

首がすわり始める生後5カ月前後はこれまでのおっぱいやミルク中心の食事から離乳食に切り替えていく時期ですが、同時に人さし指・なか指・親指の3本の指を使ってスプーンをひとりで持つ訓練も始めましょう。スプーンを上手に使えるようになることは指先を器用に使いこなす基礎となります。また、人さし指・なか指・親指の3本の指を上手に使うことで脳の運動野なども働くことになり、前頭前野をより働かせる良い刺激になると言われています。

まずはママが人さし指・なか指・親指の3本でスプーンの柄を持って、その様子を赤ちゃんに見せてあげましょう。それから赤ちゃんにもスプーンを持たせて、ママと同じように持つようにうながします。2本の指で小さなボールなどをつまむ練習をしておくと、スプーンを持つ練習もしやすいでしょう。

グーで握ってスプーンを持っても指の訓練にはならないので、必ず3本の指で持たせることが大切です。上手に持てるようになったら、スープやジュースなどを自分ですくって飲めるようにうながしましょう。スプーンを上手に持てるようになると、その後のお箸の持ち方を教える際もとても速く覚えさせることができます。

運動野…体の各部分の筋肉を目的に合わせて動かすことを司る脳の領域／前頭前野…創造力や推察力、判断力、コミュニケーション能力などを司る脳の領域

「やってよかった!」「試してみる価値あり!!」

## 「スプーンを持たせる」の効果を実感した現役ママの声

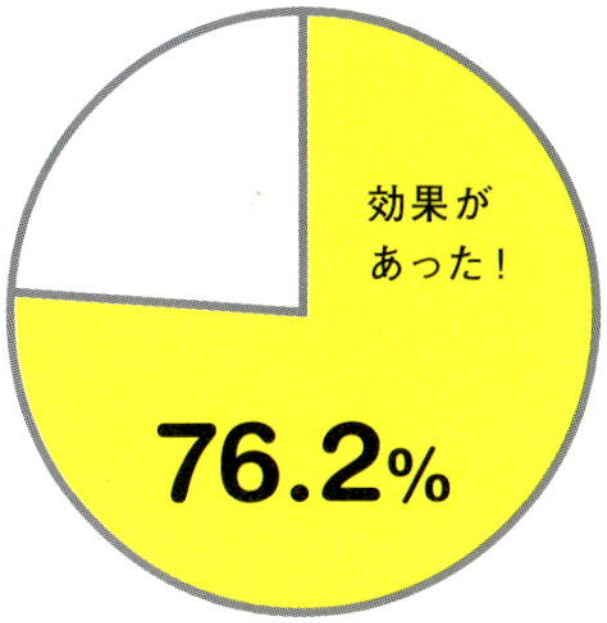


- 「自分ですくって食べ物を食べるようになりました」（31歳／埼玉県）
- 「食べる楽しさを覚えたようで、食事に積極的になりました」（38歳／千葉県）
- 「その後、お箸もスムーズに持てるようになりました」（32歳／神奈川県）

人さし指・なか指・親指の3本を使ってきちんとスプーンの柄を持つように練習しましょう

POINT

**「スプーン」を上手に持たせるためのポイント**

- 離乳食を始めたら覚えさせる。
- ママがまずお手本を見せてあげる。
- 人さし指・なか指・親指の３本の指でしっかり持たせる。
- 指先を器用に使うことは脳の発達にも良い影響を与える。
- その後、お箸を持たせることもスムーズにできるようになる。

### どんな風にやるの？

## 人さし指・なか指・親指を使う

ママが人さし指・なか指・親指の3本でスプーンの柄を持って、その様子を赤ちゃんに見せてあげます。そのようにして赤ちゃんにまずマネさせることは、とても重要だと言われています。

「赤ちゃんはママの行動を見るという視覚からの情報を得て、さまざまな行動を『マネ』しようとします。スプーンを持たせる練習をする際にも、必ずママも一緒にスプーンを持って食事をするなど、自分の姿を見せる（マネさせる）ことが大切です。また、食事の際は『食べさせる』ではなく、『一緒に食べる』ことを大切にしましょう」（NPO法人日本子育てアドバイザー協会／増谷幸乃さん）

スプーンの持ち方だけではなく、食べるという行為もしっかりと赤ちゃんにマネさせましょう。

### どんな効果があるの？

## 箸や筆記具の持ち方も上手になる

ママからは、「箸や筆記具も上手に持てるようになりました」（38歳／神奈川県）など、スプーンを持てるようになることで、その後のさまざまな行動に良い影響があったというコメントが数多く寄せられています。

# 60.4% のママが効果を実感！ 「もぐもぐ・ごっくん・あ～ん」で食べ方を教える

## どんな育児法なの？

### 離乳食の初期から食べる基礎を身につけさせる

初期の離乳食では噛む必要はほとんどありませんが、食べ物を噛んで、飲み込むという一連の動作は、この時期に教えておきましょう。まず赤ちゃんの口に離乳食を入れたら、「もぐもぐ」と噛む動作をさせます。続いて噛み砕いたものを「ごっくん」と飲み込む動作をさせます。そして、最後に赤ちゃんの口を「あ～ん」と開けさせて、飲み込んだかどうか確認するという流れで、やってみましょう。

「子育てをしているママの悩みの中で、『赤ちゃんの食事』に関する問題は最も大きな悩みと言えます。ただ、赤ちゃんと一緒にいつも食事をしているお母さんからは、あまり食事についての悩みを聞かないという実感があります。赤ちゃんはママのマネをして学んでいくものなので、お母さんが楽しんで食事をしているところを見せることだけでも、食べ方を学ぶことにつながるのです。噛む動作を教える際にも、必ずお母さんも一緒に食事をしながら教えることが大切です」（NPO法人日本子育てアドバイザー協会／増谷幸乃さん）

スプーンを持たせるトレーニングと同様に、ここでもマネをさせ、一緒に食事をしながら教えることが欠かせません。

「やってよかった!」「試してみる価値あり!!」

## 「もぐもぐ・ごっくん・あ〜ん」の効果を実感した現役ママの声

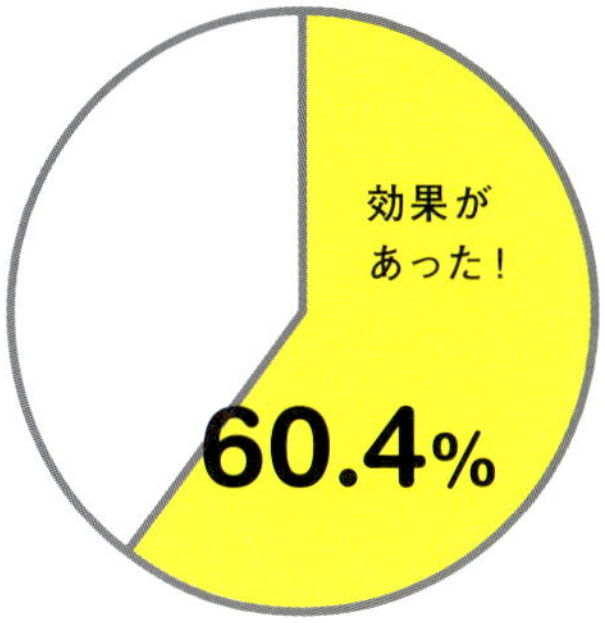
効果があった！
60.4%

・「きちんと噛んで食べるようになりました」（36歳／千葉県）
・「教えることで噛むことを意識するようになりました」（34歳／千葉県）
・「よく噛むくせがついたと思います」（36歳／神奈川県）

## 「もぐもぐ」「ごっくん」「あ〜ん」のそれぞれの動作を確認しながら食べさせましょう

はい、もぐもぐして〜
もぐ
もぐもぐ

### POINT

**「もぐもぐ・ごっくん・あ〜ん」を上手に行うためのポイント**

- 離乳食の時期から教え始める。
- 「もぐもぐ」と噛む動作をさせて、「ごっくん」と飲み込ませ、「あ〜ん」と口を開かせて食べ残しがないか確認する。
- ママも一緒にご飯を食べながら、お手本を見せることが大切。

### どんな風にやるの？

## 手本を見せながら3つの動作を

「もぐもぐ・ごっくん・あ〜ん」のやり方を具体的に説明しましょう。まず、赤ちゃんの口に食べ物を入れたら、ママが口で「もぐもぐ」と噛む動作のお手本を見せて、赤ちゃんに噛むようにうながします。食べ物を口に入れる際には味を感じる場所である「味蕾」（みらい）のある舌の先のほうに乗せるようにします。上手に噛めたら、「よくできたね〜、次は飲み込んでみようか？」と声をかけてあげましょう。そして「ごっくん」と飲み込むお手本を見せてから、飲み込むようにうながします。

また、最後には飲み込めたかどうかを確認することも忘れてはいけません。「ちゃんと飲み込めたかな？『あ〜ん』してみて」と、口の中に食べ物が残っていないか確認します。残っているようなら、再度飲み込むようにうながします。

### どんな効果があるの？

## 上手に噛んで食べられるように

ママからは「見せるだけではなかなかかむ動作を教えられませんでしたが、『かみかみ』『ごっくん』と言いながら見せてやらせると、上手に噛めるようになりました」（34歳／千葉県）などといったコメントが数多く寄せられています。

**63.4%** のママが効果を実感！

# 階段の昇り降りのトレーニングをさせる

## 運動＝脳への刺激＋筋力の発達

**運動を通して、今まで以上に脳に刺激が与えられます。また、成長に合わせた足腰の筋力に発達やバランス感覚を養うのにも効果的です**

### どんな育児法なの？

**運動＝脳への刺激＋筋力の発達 赤ちゃんの行動範囲を広げる**

赤ちゃんがひとりで立ち歩きができるようになったら、より上手に、安全に歩けるように、少しずつ足腰の筋力をつけるトレーニングを取り入れていきましょう。この時期は2足歩行という人間らしい行動ができるようになる大事な時期。赤ちゃんの行動を手助けして適度な運動をさせることで、脳への刺激と筋力の発達をうながすことができます。脳の発達にもよい影響を与えることが大切です。そのひとつとして効果的なのがこの「階段の昇り降りのトレーニング」です。

階段の昇り降りは、自分で歩けるようになった赤ちゃんが興味を持つ行動のひとつです。この興味を利用して積極的に昇り降りのトレーニングを行いましょう。ただし一段、二段の段差だとしても、赤ちゃんにとっては危険です。必ずママがそばについて目を離さないように注意しながら練習してください。

効果を実感したというママからは、「足腰が丈夫になって、長距離を歩いてもダダをこねなくなりました」（39歳／東京都）、「運動神経がすごく発達した気がします」（35歳／東京都）、「足腰が強くなりました」（37歳／千葉県）など、運動能力や筋力の発達についてのコメントが多く寄せられています。

赤ちゃんが怖がって足を下ろさない場合は、
手のひらで足を支えてあげて、
ゆっくりと床におろしていきましょう

用意する台はできるだけ
赤ちゃんの足の長さ（股下）よりも
低いものにしましょう

## どんな風にやるの？

### 利き足を床につけて きちんと体重を乗せる

自宅に階段があれば、その場所で行うこともできますが、ない場合は木製の台など丈夫なものを用意しましょう。台の高さは赤ちゃんの足の長さ（股下）よりも低いものを用意するようにしてください。

トレーニングの方法ですが、まずは赤ちゃんを四つん這いにして、用意した台の上に座らせます。その後、赤ちゃんの利き足を台の上から下ろして一度宙ぶらりんにしてから、床につくようにママがうながします。もし、赤ちゃんが怖がるようなら、ママの手のひらに足を乗せて、「怖くないよ〜」などと声をかけながら、ゆっくりと足を床に下ろしていきます。このとき、足を無理に床につけないように注意しましょう。

この運動を繰り返して、赤ちゃんひとりでできるようになったら、今度はもう片方の足も下ろすようにうながしましょう。先に置いた利き足にしっかりと体重をかけることができているかをママはチェックしてください。2本の足を揃えて立てるようになるまでトレーニングを繰り返しましょう。昇ることは訓練しなくても、自然とできるようになります。危険なのは降りるときの転倒です。トレーニング中はママが必ず側について見守ってあげてください。

## POINT

**階段の昇り降りの練習を上手に行うためのポイント**

- 昇り降りをマスターすると、赤ちゃんの行動範囲が広がる。
- 脳への刺激と筋力の発達を促す。
- 股下よりも低い台を用意する。
- 必ずママがそばに寄り添って行う。
- 利き足から床に降ろし、きちんと体重を乗せられるようにする。
- 怖がる場合はママの手のひらに足を乗せて床に降ろすようにうながす。
- 床に両足を揃えて立てるように繰り返し行う。
- 赤ちゃんひとりでできるようにする。

ひとりで段の昇り降りができるように促しましょう。きちんと片足ずつ、体重をかけて足を下ろすのがポイントです

## どんな効果があるの？

### 適度な運動をさせることで、脳や筋力の発達をうながす

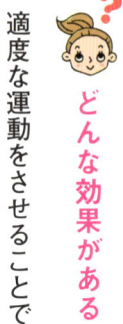

ママが手伝ってあげながら一連の昇り降りの運動ができるようになったら、今度は赤ちゃんがひとりで昇り降りの運動ができるようにうながしましょう。台の高さも赤ちゃんの腰の高さくらいまであるものを用意してもよいでしょう。台の上からハイハイの姿勢で、ひとりで降りれるように声をかけて練習させます。このときも足の降ろし方や利き足への体重のかけ方、体重の移動の仕方など次の行動に移るひとつひとつの動きを細かく確認します。

ひとりで歩けるようになると、赤ちゃんは興味があるものに対して積極的に行動します。それだけに「階段は危ないもの・注意するもの」ということを繰り返し教えてあげてください。

歩き始めたばかりの赤ちゃんの場合には難しい運動だと思いますが、初めから上手にできる必要はありません。赤ちゃんが興味を示すようであれば、積極的に挑戦させてみましょう。

赤ちゃんの行動を手助けして適度な運動をさせることで、脳への刺激と筋力の発達をうながすことができます。脳の発達にもよい影響を与えると考えられています。不安がらずにぜひ育児のひとつとして取り入れてみてください。

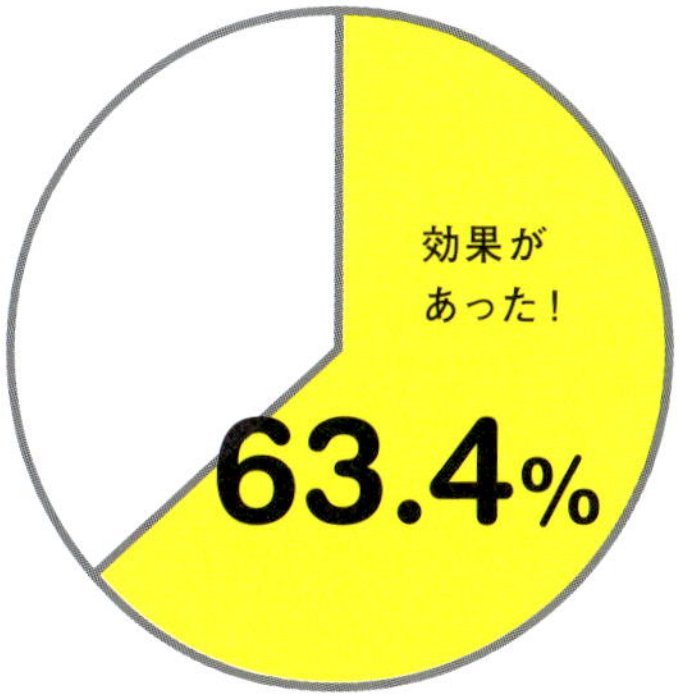


## 「やってよかった!」「試してみる価値あり!!」…

# 「階段の昇り降りの練習」の効果を実感した現役ママの声

アンケート調査の結果、全体の約63.4 %のママが「効果があった」と実感。階段を上手に昇れるようになったという効果以外にも、バランス感覚や運動能力が身についたという内容のコメントが数多く寄せられています。

「足腰の強化と危険の察知に効果があったと思います」（37歳／埼玉県）

「家の階段で行っていましたが、外でつまづくことがなくなりました」（33歳／東京都）

「滑り台などの遊具に早く慣れて遊べるようになりました」（37歳／神奈川県）

「上手に階段の昇り降りができるようになりました」（33歳／埼玉県）

「それまで大人のサポートがないと怖がっていたのですが、今ではひとりで１～２階を移動できるようになりました」（30歳／神奈川県）

「粗大運動（手足胴の大きな運動）が発達した気がします」（39歳／千葉県）

「自分で安全に行動できるようになりました」（34歳／神奈川県）

「手足をどう動かせば良いのか、考えて行動するようになりました」（30歳／千葉県）

「体の使い方を覚え、年中で逆上がりができるようになりました」（33歳／東京都）

「バランス感覚が養われ、多少のことでは転ばなくなりました」（32歳／神奈川県）

「運動機能の発達によかったと思います」（38歳／千葉県）

「長い距離を歩けるようになりました」（27歳／東京都）

「注意力がついたと思います」（32歳／千葉県）

79.5%
のママが
効果を実感！

# 積み木遊びをさせる

自由な創造性を育むことができる「積み木遊び」には積極的に取り組みましょう

どんな育児法なの？

## 積み木は子どもの創造性を育む大切なおもちゃ

子どもの自由な創造性を育むことができる積み木遊びは、1歳前後から積極的に子どもに遊ばせましょう。

「短辺の長さの2倍が長辺の長さに等しいなど、ほとんどの場合、積み木の大きさには一定の法則があります。積み木遊びをするなかで、子ども自身がその法則を発見しながら、いろいろな形を組み合わせて何かを作るということは、『多様な情報を統一する』という行為であり、子どもの創造性を養うのに最適な教材と言えます」（童具館館長／和久洋三さん）

用意する積み木は立方体と直方体を基本にしましょう。単純な形が多いほど、想像力を発揮してさまざまな遊び方ができます。また、月齢に合わせて与える積み木の量をできるだけ多くすることも大切です。

アンケートでも多くのママがその効果を実感していて、「立体の認識ができるようになったと思います。バランスが悪くなると崩れる、ということも認識できているようでした」（33歳／千葉県）や「集中力が養われ、自分で何かを作るという創造力がついたと思います」（34歳／東京都）など、創造力を育む効果があると実感したというコメントが数多く寄せられています。

「やってよかった!」「試してみる価値あり!!」
## 「積み木遊び」の効果を実感した現役ママの声

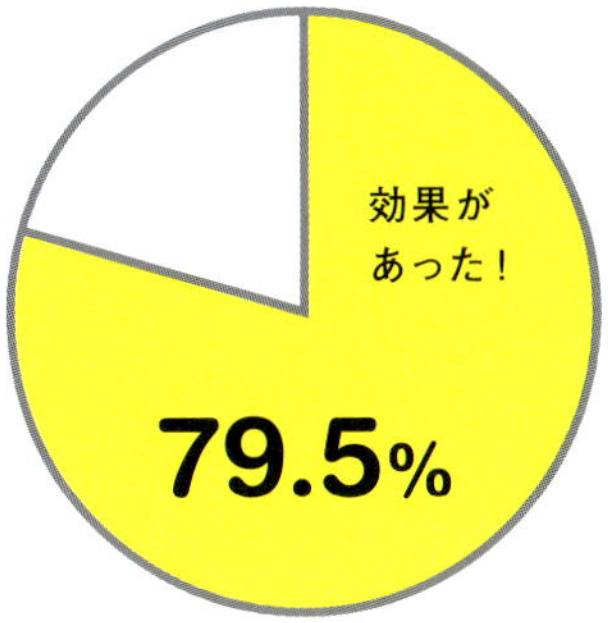


- 「集中力や想像力を養われたと思います」（30歳／東京都）
- 「どうすれば高く積めるか自分で考えるようになりました」（32歳／神奈川県）
- 「ひとつのことに集中できるようになりました」（38歳／東京都）

### 最初はママが積み上げたものを赤ちゃんにくずさせる練習から始めましょう

**POINT**

**「積み木遊び」を上手に行うためのポイント**

- 積み木は子どもの自由な創造性を育むおもちゃ。
- 年齢に合わせてさまざまな遊び方ができる。
- 初めはママが積み上げた積み木をくずす遊びからはじめる。
- 空間把握能力を鍛えることができ、算数の基礎的な考え方も学べる。

## どんな風にやるの？

### マネしながら並べる・積み上げる

積み木遊びは子どもの成長によって、遊び方は変わっていきます。積み木遊びをはじめる1歳前後の時期は、まずはママが積み木を積み上げて、子どもに「くずさせる」という遊びから始めましょう。積み木を手に持って遊ばせる場合、高く積み上げることが難しいときは横に並べていくことからはじめると良いでしょう。その際、片手だけでなく、両方の手の器用さを養うために、両手を使って遊ぶようにうながしましょう。ママのマネをして、積み木を並べたりする動作は脳内のミラーニューロンを鍛えることにも役立ちます。上手に並べられるようになってきたら、今度は積み木を高く積み上げる遊びも取り入れていきましょう。

## どんな効果があるの？

### 空間把握能力が鍛えられる

「幼いころから積み木を使って空間把握能力を鍛えることはとても重要です。算数や数学の立体図形の問題が苦手な子どもは多いのですが、積み木遊びは算数や数学の基礎を作る遊びとして有効です。親が積んだ形と同じ形に積む遊びも空間把握能力を鍛えるのに効果的です」（All About「早期教育・幼児教育」ガイド／上野緑子さん）

※ミラーニューロン…「人のまね」をしたり、表情から「心」を読む手助けをする脳内物質

**76.1%** のママが効果を実感!

# 両手を使った紙の上手な破り方を教える

**手先を起用に動かすことで、筋肉を動かす脳の「運動野」が刺激されます**

## どんな育児法なの？

### 手先を器用に動かすことで「運動野」が刺激される

両手が自由に使えるようになると、赤ちゃんでもティッシュペーパーや新聞紙など、薄い紙なら自分の意志で破れるようになってきます。紙をやぶる遊びができるようになってきたと思ったら、今度は手の動かし方や指先の使い方、力の入れ方などを工夫した、より高度な紙やぶりの練習をしていきましょう。

紙をやぶるような手先を器用に動かす行動は、筋肉を動かす脳の「運動野」が刺激され、脳の発達にも良い影響を与えると言われています。また集中力を養うのにも効果的だと考えられています。

「指先は第2の脳と言われており、指先を鍛えることは脳の活性化につながります。幼いころから指先を使った遊びはどんどん取り入れたいものです。赤ちゃんは紙を破って遊ぶのが大好きです。最初は薄い紙を破らせ、徐々に厚い紙など破りにくいものに挑戦させると良いでしょう。厚い紙が扱いにくいようなら、少し切り目を入れておくと破りやすくなります」（All About「早期教育・幼児教育」ガイド／上野緑子さん）

薄い紙で簡単に破れてしまうときは、紙を厚くするなど、少し破りにくい紙を使うことで、より効果的に脳を鍛えることができるようです。

※運動野…体の各部分の筋肉を目的に合わせて動かすことを司る脳の領域

「やってよかった!」「試してみる価値あり!!」
## 「紙を破ること」の効果を実感した現役ママの声

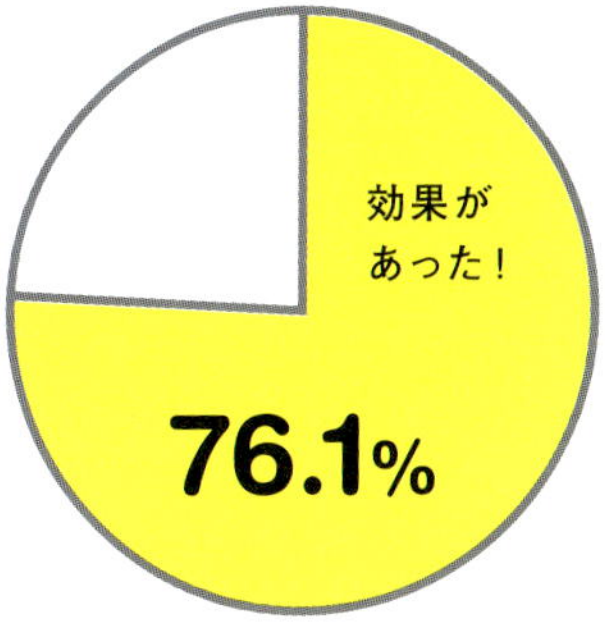


- 「集中力や想像力を養われたと思います」（33歳／千葉県）
- 「指先の力の入れ方を覚えたようです」（33歳／埼玉県）
- 「素材の違いなど、物の質感を理解していったと思います」（29歳／東京都）

**手や指の使い方、力の入れ方を学ぶことができます。破りやすい新聞紙のほか、厚紙やチラシ、雑誌など、さまざまな紙を使って遊ばせましょう**

### POINT

**「紙を破ること」を上手に行うためのポイント**

- 手先を器用に動かすことで、脳の発達に良い影響を与えられる。
- 新聞紙や雑誌、厚紙など、いろいろな紙質のものを使うようにする。
- 新聞紙は繊維方向に引き裂く。
- テープ状に引き裂くなど、より複雑な課題にも挑戦させる。

## どんな風にやるの？
### できるだけ長く引き裂く

新聞紙などをただ破るのではなく、両手を使って大きく開きながら、できるだけ長く引き裂いていくようにうながしましょう。長く引き裂くためには、力加減や破く方向など、いろいろなことを考えなければならず、それだけ両手を上手に使う必要があります。新聞紙のほかにも、厚紙や雑誌など、紙質の違うものでも試してみましょう。

新聞紙などは繊維方向に向かって裂くとうまくできます。ママは破りやすい方向に手を動かせるように、新聞紙の持ち方を調整してあげると良いでしょう。

長く引き裂くことができるようになったら、今度は1～2㎝のテープ状に引き裂く練習をするなど、より複雑で繊細な指先の動きやうでの力の入れ方が必要になる課題に挑戦させましょう。

## どんな効果があるの？
### 器用になり工作が得意な子どもに

効果を実感したというママから「小さくなるまでちぎらせていたら、指先が器用になりました」（33歳／埼玉県）、「最初は破るだけでしたが、次第に三角形や四角形も作れるようになりました」（26歳／神奈川県）といったコメントが届いています。

**56.1%** のママが効果を実感！

# 「つま先立ち」や「でんぐり返し」で運動神経を鍛える

ママは赤ちゃんの腰をしっかり持って逆さにさせます。
赤ちゃんの両手が床にしっかりつくようにうながしましょう

家の壁にお気に入りのキャラクターの絵などを貼るなど、
赤ちゃんが興味を持つように工夫しましょう

## どんな育児法なの？

### 筋力や平衡感覚を養う全身運動を取り入れる

1歳半前後になると、赤ちゃんもひとりで歩けるようになりますが、このころには歩くだけでなく、さまざまな全身運動を行うことも大切です。

「つま先立ち」も有効な全身運動のひとつです。しっかりとした足取りで立ったり、歩くことができるようになるには、足の親指の力がとても大切だと言われています。まず赤ちゃんのお気に入りのキャラクターなどの絵を用意します。その絵を赤ちゃんがちょうどつま先立ちして届くくらいの高さに貼ります。部屋の壁などを利用すると良いでしょう。ママは「ほら〜、ここに○○がいるよ〜」などと、赤ちゃんが興味を持つよう声をかけて、自然とつま先立ちができるようにうながすのです。

また、「逆立ち」など全身を使ったダイナミックな運動も取り入れていきましょう。逆立ちの練習をする際には、まず両手をしっかり床につけるようにうながします。次にママが赤ちゃんの腰を持って、体を浮かせて手だけで前に進ませるようにします。そして、両手をしっかりと床につけることができるようになったら、足をつかんで上に釣り上げるようにして、逆立ちの態勢をとるようにしましょう。逆立ちの練習は背筋や腕の筋力をつける効果があり、さらに平衡感覚も養うことができます。

「やってよかった!」「試してみる価値あり!!」
## 「つま先立ち」「でんぐり返し」の効果を実感した現役ママの声

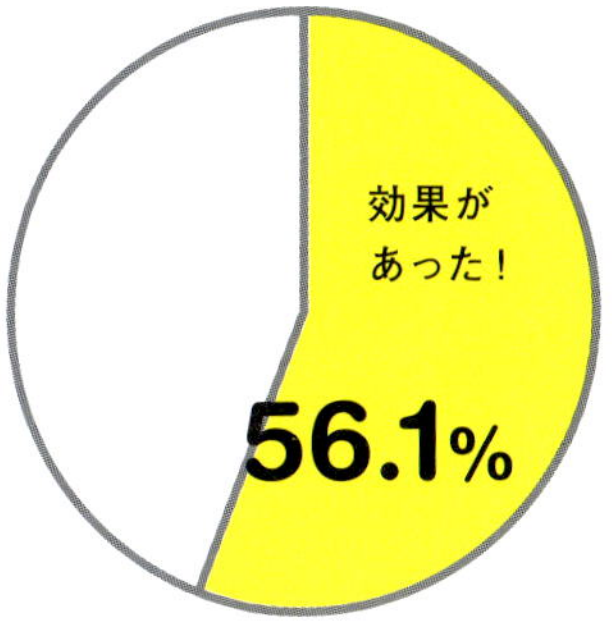


・「褒められると伸びることが分かりました」（36歳／埼玉県）
・「とても運動神経がよくなったと思います」（30歳／埼玉県）
・「上手にできることで達成感を感じていたようでした」（35歳／神奈川県）

自分（赤ちゃん）のおへそを見るように声をかけて、そのまま足を前方に倒しましょう

両足をしっかりと開いて、両手を床につけた状態から足を持ち上げます

**POINT**

**「つま先立ち」「でんぐり返し」を上手に行うためのポイント**

- 「つま先立ち」の練習で足の親指の力をつける。
- 「つま先立ち」の練習では壁を使うと効果的。
- 「逆立ち」ができるようになったら、「でんぐり返し」にも挑戦させる。
- 全身運動では筋力や平衡感覚を養い、脳の前頭前野を刺激することにもつながる。

### どんな風にやるの？

## ダイナミックな運動にも挑戦

逆立ちができるようになったら、ダイナミックな運動にも挑戦していきましょう。例えば「でんぐり返し」です。体をゴロゴロと回転させる動きを練習することは、倒れたときにケガをしないための「受け身」の練習になります。練習の仕方は、まず両足を開いた状態で両手を床について、股の間から反対側を見るようにうながします。そしてしゃがんだ態勢から足を持ち上げて前転させます。このとき赤ちゃんに自分の「お腹」が見えるような姿勢を取らせるとスムーズにできます。

### どんな効果があるの？

## 脳の前頭前野が活性化する

「全身運動は身体成長をうながすだけでなく、体を通じて多くの情報を吸収することにより、脳の前頭前野も活性化されると考えられています」（All About「早期教育・幼児教育」ガイド／上野緑子さん）

またママたちからは、「いろいろな体操の動きを覚えるようになりました」（35歳／千葉県）や「体を動かすことに楽しみを覚えたと思います」（36歳／東京都）など、運動神経の発達とともに、運動が好きになったというコメントも寄せられています。

※前頭前野…創造力や推察力、判断力、コミュニケーション能力などを司る脳の領域

お役立ち
育児コラム
part.3

## ケータイを育児に活用!?
# オススメのスマホ育児アプリ

女性の間でも人気急上昇中の「スマートフォン」。育児をしながら、スマートフォン片手にいろいろなアプリを使っているママも多いのでは？ ここでは毎日の育児がより快適になるお役立ちアプリをご紹介します。赤ちゃんも喜ぶこと間違いなしの「育児アプリ」をぜひ活用しましょう♪

### 『赤ちゃんにっこりBaby＋Smile』
**200円**

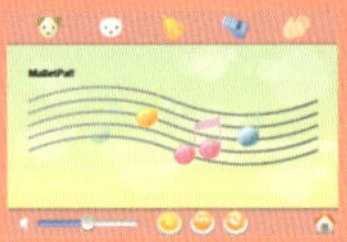

**赤ちゃんが泣きだしてもこれがあれば安心！**

泣きやみ音楽のプロが編曲したオリジナル曲が、泣いたり、ぐずったりしている赤ちゃんの興味を誘い、自然に泣きやむのをサポート。メロディ以外にも、動物の鳴き声や楽器の音など、科学的に泣きやみ効果が実証されたサウンドも収録！

### 『Photo Speak』
**350円**

**撮影した顔写真がしゃべり始める！**

撮影した顔写真に録音した好きな言葉をしゃべらせることができる面白アプリ。撮った写真をサーバに送るだけで、3Dになった顔写真がしゃべりだす！ 赤ちゃんの写真はもちろん、パパやママの写真でいろいろな言葉を赤ちゃんに聞かせてあげよう。

### 『ベイビーダイアリー』
**200円**

**タッチ操作で簡単に育児日記が書ける！**

タッチ操作で簡単に入力できる育児日記アプリ。ミルクや離乳食などのアイコンをタップするだけで30分単位で記録できる。また、メモ機能のほか、1日の日記として1000文字まで記録が可能。忙しい育児中でもさっと記録できるのでとっても便利♪

### 『BabyTap HD』
**230円**

**ぐずっている赤ちゃんも熱中する不思議アプリ**

画面をタップさせるだけでぐずった赤ちゃんも笑顔に！ 画面に現れる色付きの図形をタッチすると、英語の声や赤ちゃんの笑い声が再生。すると、ぐずった赤ちゃんも喜んでタッチして遊び始めるのだとか。知育アプリとしても最適！

### 『赤ちゃん泣き声翻訳アプリ』
**600円**

**泣いている「理由」をアプリが分析！**

赤ちゃんの泣き声をアプリに聞かせると…あら不思議、アプリが自動的に赤ちゃんの泣き声を分析！ 10秒以内に空腹や、眠気、不快など、その原因を教えてくれます。泣いている理由がわかれば対処もとってもラクになるはず！

ママも便利＆
赤ちゃんも楽しい！
オススメの
育児アプリはコレ！

# 1歳半～3歳までに、はじめたい知育法

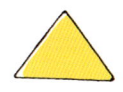

一人で歩けるようになると、両手を使って遊ぶようになり、どんどん指先が器用になっていきます。
並行して、言葉の意味もちゃんと理解するようになります。自分の意志も伝えられるようになってきますので、
会話のキャッチボールをしながら、さまざまなことにチャレンジさせましょう。

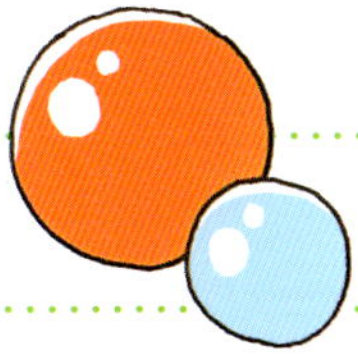

72.1%のママが効果を実感！

# 寝室を暗くして寝かしつける

どんな育児法なの？

## 子どもの成長に必要不可欠な「メラトニン」を分泌させる

睡眠中に脳内で分泌される物質のひとつとして「メラトニン」があります。このメラトニンには、アンチ・エイジングの効果がある「抗酸化作用」や過剰な性的成熟を抑える「性腺抑制作用」などがあると言われています。メラトニン自体は子どもに特有の脳内物質ではなく、大人でも分泌されているのですが、日々爆発的に成長をしていく子どもには特に大切な物質だと言われています。

メラトニンは夜暗いなかでぐっすりと眠ると、より多く分泌されるという性質があり、明るくなると分泌が抑制されることがわかっています。そのため夜更かしをさせるなど、いつまでも明るい部屋の中にいると、メラトニンの分泌量は減り、成長の妨げになってしまうのです。「メラトニンは熟睡している状態であれば、夜の12時ごろまでに多く分泌されると言われています。この時間に熟睡させるためには遅くとも夜の8時～9時には寝かしつけなければなりません」（NPO法人日本子育てアドバイザー協会／増谷幸乃さん）

子育てをするうえで、子どもを夜8時～9時までに寝かしつけた方が良いという意見を良く耳にしますが、ひとつにはこんな理由があったのです。

1歳～3歳の期間により多く分泌＝『メラトニン・シャワー』

## どんな効果があるの？

### 一定期間にだけ表れる「メラトニン・シャワー」

子どもの成長に必要不可欠ということ以外にも、この時期、早い時間に寝かしつける理由はほかにもあります。それはメラトニンが「一生のうちで1歳～3歳の間により多く分泌される」傾向があることが、最近の研究でわかってきたからです。この現象を「メラトニン・シャワー」と呼んでいます。子どもが爆発的に成長する時期と重なっていることからも、いかにメラトニンが発育に欠かせない物質であるか理解できると思います。

メラトニンに関する知識がないママでも、寝室を暗くして寝かしつける効果を実感しているようです。「情緒安定につながったと思います」（38歳／千葉県）、「夜泣きがひどかったのですが、落ち着くようになりました。ひとりで寝られるようになりました」（37歳／神奈川県）、「よく寝るようになり、あまり病気をしなくなったと思います」（35歳／神奈川県）など、夜、暗くした部屋できちんと寝かしつけることの大切さを痛感しているコメントが数多く寄せられています。

ただその効果を認めながらも、寝かしつけに苦労しているママも多いようです。続いてはその方法について見てみることにしましょう。

**POINT**

**暗い部屋で子どもを寝かしつけるためのポイント**

- 「メラトニン」は赤ちゃんの成長に欠かせない物質。
- 遅くとも夜の８時～９時には寝かしつける。
- メラトニンは一生のうちで「1歳～3歳まで」の間に最も多く分泌される。
- 寝る前の「入眠の儀式」を習慣化させる。
- 赤ちゃんに合わせた「入眠の儀式」を見つける。
- 眠る部屋をきちんと決めておくことも大切。

## どんな風にやるの？

### 寝る前の「入眠の儀式」を習慣化させよう

「暗くした部屋で寝かしつけたくても、なかなか子どもが寝てくれない…」、そんな悩みを持つママも多いと思います。そこで効果的なのが、毎晩行う「入眠の儀式」を習慣化させることです。

これは睡眠学者が注目している方法で、眠りにつく直前に毎回決まった行動（＝入眠の儀式）をすることで、体が「これから眠るんだ」と判断するようになり、自然と眠れる効果を期待するものです。「これをやったらもう眠りにつく時間」と心と体で意識するようになり、習慣付けることで効果が高まると言われています。

赤ちゃんひとりひとりにあった入眠の儀式を見つけてあげることが大事ですが、例えば「ふとんに入ったら必ず絵本を読み聞かせる」「寝るときには必ず同じ音楽をかける」「寝る前に必ず歯磨きをする」といった方法が挙げられます。ほかにも寝る部屋をきちんと決めておくと、「その部屋で横になったら寝るんだ」と意識付けができるので効果的です。

「入眠の儀式」だからといって、何か特別なことをする必要はありません。寝る前に簡単にできるようなことを、「習慣化」させることが大切です。いろいろな方法を試して、子どもが喜んで自主的に行うものを見つけてあげましょう。

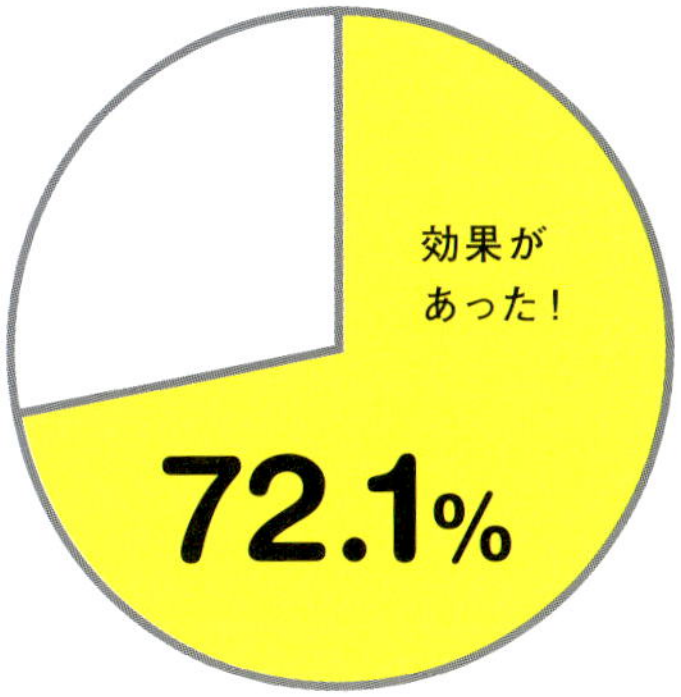


## 「やってよかった！」「試してみる価値あり!!」…

# 「暗い部屋での寝かしつけ」の効果を実感した現役ママの声

アンケート調査の結果、全体の約72.1%のママが「効果があった」と実感。
決まった時間に寝る習慣が身につき、生活のリズムが整ったという内容のコメントが数多く寄せられています。

「早くから朝と夜の区別がつくようになり、グッスリ寝てくれるようになりました」（32歳／東京都）

「夜行性だったのですが、きちんとした生活リズムになりました」（34歳／埼玉県）

「よく寝る・寝つきがよい・寝起きがよい」（32歳／東京都）

「昼と夜のメリハリがつき、生活のリズムが確立されました」（36歳／神奈川県）

「いつも決まった時間に寝てくれるようになり、生活のリズムが整いました」（33歳／千葉県）

「寝る時間がわかるようになりました」（36歳／千葉県）

「なかなか生活リズムが上手く合わせられなかったとき、部屋にカーテンをつけて外からの光をさえぎっただけで寝てくれるようになりました」（31歳／神奈川県）

「部屋を明るくして寝かしつけたことがないのですが、眠りは深くなったと思います。昼夜の区別も早いうちからしっかり身についたと思います」（36歳／東京都）

「新生児のころは明るい部屋で寝かしつけをしていたのですが、なかなか寝ないので暗い部屋で寝かしつけを始めたら早く寝るようになりました。現在も部屋を暗くすると、すぐに寝てくれるようになりました」（36歳／神奈川県）

「寝るべき時間・場所では眠るという生活習慣ができました」（36歳／東京都）

「暗くすると寝る、という習慣がつきました」（30歳／神奈川県）

**66.3%** のママが効果を実感！

# ○・△・□などの「物の形」を理解させる

3歳になる頃には少しずつ「物の形」を理解できるようになります

## どんな育児法なの？

### ○、△、□のおもちゃで「物の形」を理解させる

3歳になるころには子どもも少しずつ「物を見て形を判断する」ことができるようになってきます。その能力をさらに伸ばし、強化していくために、簡単なパズルやはめ絵のおもちゃ、厚紙で図形をかたどったものなどを使って、「物の形」を理解させる遊びを取り入れていきましょう。

同じ型かそうでないかを見分けたり、同じ形のものだけを集めてみたりする遊びは「物を分類していく技術」の基本的な能力を育てることにつながります。はじめは○、△、□といった基本的な図形を使うと赤ちゃんも遊びやすいでしょう。また、さまざまな図形のシールで遊ぶなどすれば、貼ったりはがしたりできるので、手先の器用さを身につけていくためにも役立ちます。

さらに「物の形」のほか、「色の違い」についても認識できるようになるのが、この時期です。赤、青、黄といった基本的な色を使った積み木やシールのほか、洋服や本、CDケースなど、身の回りにある色分けできそうなものを教材にしながら、ママも一緒になって遊んでみましょう。さまざまな図形のおもちゃを用意すれば、形と色で分類するという遊びもできるようになっていきます。

できるようになったら、
マル、サンカク、シカク以外にも
さまざまな図形を描いて
遊んであげましょう

## どんな効果があるの？

### 物の形が理解できるようになり シールを使えば、指先が器用に

「物の形を理解させる」遊びは、○、△、□といった図形がシールになっているものを使うと、簡単にできます。例えば、大きさの違ういくつもの○、△、□を書いた台紙を用意します。ママは「同じ形はどれかな～？　わかるかな～？」などと声をかけて、子どもに図形のシールを、台紙の中にある同じ形の図形の上に貼っていくよう、うながしていきます。

これができるようになったら、色のついたシールなどで、色と形で分類してシールを貼っていくという遊びもやってみましょう。シールを下地の図形に合わせて上手に貼らせることで、形を理解させるだけではなく、同時に手先の器用さも養うことができます。

おもちゃを使って、「物の形」を理解させる遊びを行っていたママからは「物の形がきちんと理解できるようになりました。立体的な形も早くから理解できたので、小学校の算数の授業でも役立っているみたいです」（34歳／千葉県）、「形を理解するのが早く、遊びの中で、その形をどのように使えば良いかきちんと考えるようになりました」（37歳／神奈川県）など、効果を実感したというコメントが数多く寄せられています。

**POINT**

**物の形を上手に理解させるためのポイント**

- ○、△、□などの図形を使う。
- シールを使えば簡単に遊べる。
- 物を分類する能力を身につけることができる。
- 色の違いについても教える。
- 上手に遊ぶことで手先の器用さも養える。
- できるようになったら、物の「大小」「長短」「重い軽い」など、比較することも覚えさせる。

## どんな風にやるの？

### 大小、長短、重い軽いなど物の比較をさせる

「物の違いを認識する」能力を養うために、○や△などの図形だけではなく、物の「大小」「長短」「重い軽い」を判断させるトレーニングなども行いましょう。

例えば、大きさの違う大小のボールを用意して子どもの前に出します。そこで、「どっちが大きい？」「小さいのはどっちだろう？」などと語りかけながら、子どもに選ばせてみましょう。このように語りかけながら大小を選ばせることで、より効果的に大きさを認識できるようになります。

同じ要領で、「長短」の違いは長さの違うカラーテープなど使って、「重い軽い」の違いはペットボトルに水を入れ、その量が違うものを用意します。これらを使って子どもと一緒に遊びながらトレーニングを行ってみましょう。

答えを強制したり、お勉強のようになってしまうと、子どもたちは積極的にやろうとしてくれません。また楽しんでやることで、より脳も刺激されると言われています。あくまでママも一緒に参加して遊びながら、楽しく行うことが大切なのです。

このトレーニングでは、「大きい」「小さい」など、比較をする言葉も同時に覚えることができるので、言葉遊びのひとつとしても、ぜひ取り入れてみてください。

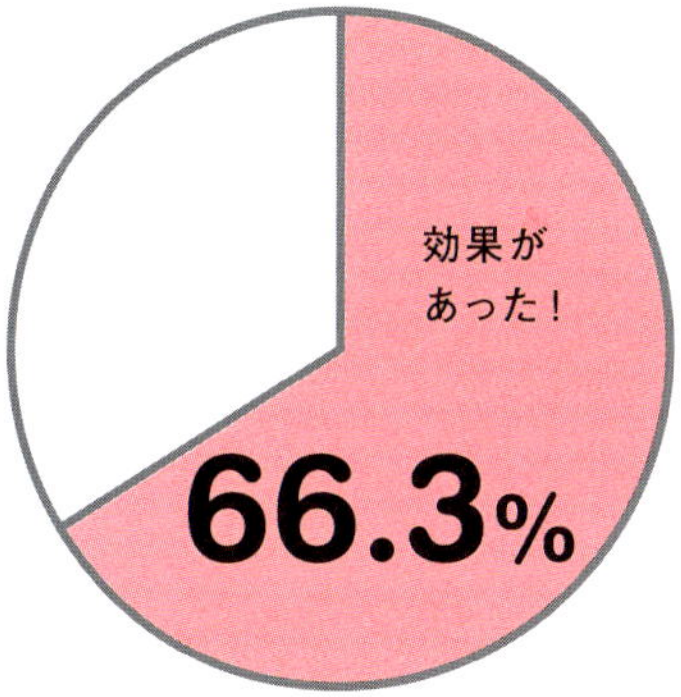


## 「やってよかった!」「試してみる価値あり!!」…
# 「物の形を理解させる」の効果を実感した現役ママの声

アンケート調査の結果、全体の約66.3%のママが「効果があった」と実感。
物の形を覚えていくことで、身の回りの物に興味を持つようになったという内容のコメントが数多く寄せられています。

「おもちゃで遊びながら、簡単に三角や丸などの形を覚えることができました」
（36歳／神奈川県）

「形を理解することで、身の回りのいろいろなものに興味を持つようになりました」（27歳／東京都）

「形を組み合わせて、いろんなものができることを覚えるようになりました」（35歳／千葉県）

「三角を２つ合わせれば、四角が作れることなど、形同士の組み合わせも理解できるようになりました」
（31歳／神奈川県）

「同じ形のものを分類したりして遊ぶようになりました」
（30歳／東京都）

「『固い』『丸い』『痛い』『冷たい』などを感覚的に覚えるようになりました」
（35歳／埼玉県）

「丸に顔をかいたり、三角をキツネにしたりと、応用してトレーニングしていました」
（35歳／東京都）

「集中力がつき、器用になったことで、絵がうまくなりました」
（33歳／東京都）

**78.6%** のママが効果を実感!

# 音楽に合わせて体を動かす楽しさを教える

## どんな育児法なの?

### 2〜3歳の時期に運動の基礎を教える

最近の子どもたちは外で遊ぶ機会が少なくなっているせいか、小学校に入ってからもマット運動で前転ができなかったり、鉄棒運動がうまくできなかったりと、運動が苦手な子どもが増えているそうです。その原因のひとつに、3歳までにきちんと運動の基礎を教えていなかったことが挙げられています。

両足で歩けるようになる1歳後半は、人としての基礎的な動きがきちんとできるようになる時期です。体の動かし方や運動の仕方など、3歳くらいまでの間にしっかりと鍛えることが大切だと言われています。鍛えると鍛えないとでは、のちのちの運動能力に大きな差が出てくると考えられているからです。自然とできるようになるのを待つのではなく、「歩き方」「走り方」を含めて、体を動かす運動の基本をきちんと教えてあげましょう。

アンケートの結果を見ると、運動に関する育児法の中で、とくに「音楽に合わせて体を動かす」方法に多くの支持が集まっています。「体の動かし方が上手になったと思います」（38歳／神奈川県）や「運動感覚がよくなりました」（32歳／東京都）など、運動能力を高める効果を実感したというコメントも、数多く寄せられています。

子どもの好きな音楽をかけるなどして、音楽に合わせて
体を自由に動かすようにうながしましょう

## どんな風にやるの？

### 好きな音楽に合わせて自由に体を動かす

1歳後半～2歳になるころには、子どももしっかりとまっすぐ歩けるようになり、走ったり、ジャンプしたりすることもできるようになります。この時期の子どもの運動能力を高めるトレーニングには、さまざまなものが考案されていますが、音楽に合わせて体を動かす運動は積極的に取り入れたいもののひとつです。

マットなどを用意する必要もなく、オーディオとCDなど自宅にあるものを使って、手軽にはじめることができます。

音楽にあわせて決まった運動を子どもにマネさせるといった方法もありますが、自由に体を動かすだけでも、効果があると考えられています。

まずは子どもが好きな音楽をかけて、リズムに合わせて手拍子をすることからはじめてみましょう。リズム感を養うことは運動能力を鍛える上でも、とても大切なことです。ママがお手本になって、リズムに合わせて手拍子をしましょう。楽しそうにママが手を叩いていると、子どもも一緒に手を叩きはじめます。慣れてきたら、音楽に合わせて体を揺らしたり、踊ったり体を動かすようにうながしていきましょう。好きなように体を動かし、自由に踊ることは子どもの創造力を育むことにもつながります。

## POINT

**音楽に合わせて上手に体を動かすためのポイント**

- 2〜3歳の時期に基礎的な運動を教える。
- 子どもの好きな音楽を聴かせて踊る。
- リズムに合わせて手拍子をさせる。
- 音楽に合わせて自由に体を動かすようにママがうながす。
- リズム感や集中力、表現力を養う効果がある。
- ママも一緒になって踊ると子どもも踊りやすい。

「耳で聞いて体で反応する」＝「音楽に合わせて踊る」ことで、自然で豊かな表現力やリズム感が身につきます

## どんな効果があるの？

### 自然で豊かな表現力やリズム感を養う

音楽を取り入れた育児法として、有名なのが「リトミック」です。「リトミック」はスイスの音楽教育家が編み出したと言われ、「音楽にのって体を動かす」ことを基本とした音楽教育法です。幼稚園や育児教室で「リトミック」を取り入れるところも増えてきているので、耳にしたことがある人も多いと思います。耳で聴いた音に体で反応することで、耳と脳と体が一体となり、自然で豊かな表現力やリズム感が身につくと言われています。さらに、楽しく歌って、踊って、表現することで、集中力や注意力も養うことができると言われています。

「音楽に合わせて体を動かす楽しさを教える」際には、子どもだけではなく、ママも一緒になって踊り、体の動かし方を見せてあげるのが非常に効果的です。楽しそうに声をかけながら、手や足の動き、リズムの取り方などを教えてあげましょう。

リズム感や表現力を高める効果について、アンケートでも多くのママからコメントが寄せられています。「遠慮せず、自由に感情を表現できる子どもになりました」（30歳／東京都）や「リズム感が良くなって歌も好きになりました」（30歳／東京都）など、高く評価する内容が目立っています。

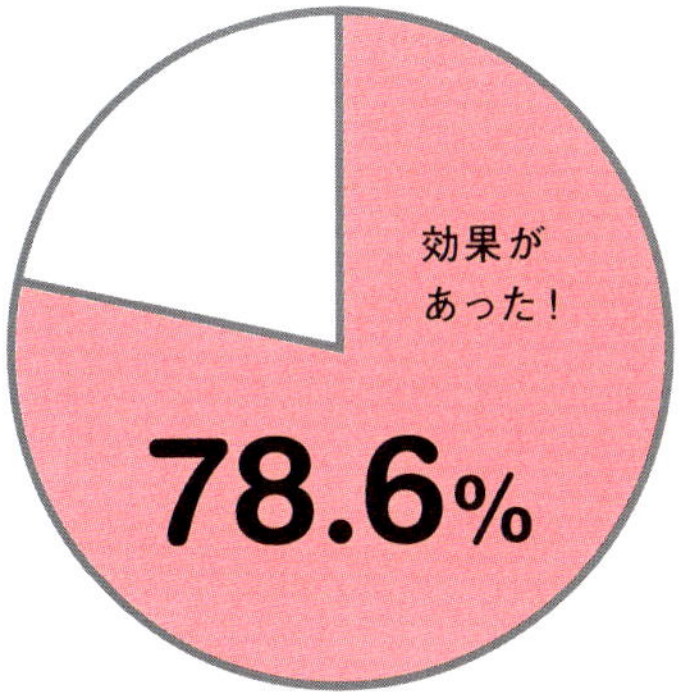


# 「やってよかった！」「試してみる価値あり!!」…「音楽に合わせて体を動かす」の効果を実感した現役ママの声

アンケート調査の結果、全体の約78.6%のママが「効果があった」と実感。
リズム感や集中力、表現力を養う効果があったという内容のコメントが数多く寄せられています。

「歌や踊りが大好きになりました」（31歳／埼玉県）

「身体能力が養われたような気がします」（35歳／神奈川県）

「楽しい音楽を聞くと、自然に体を揺らして楽しんでいます」（35歳／神奈川県）

「歌詞や振り付けから曲を覚え、次々と記憶していくようになりました」（30歳／埼玉県）

「何より楽しんでいるし、歌にあわせて体を動かすことで、リズム感が良くなったような気がします」（32歳／神奈川県）

「リズム感がついたと思います」（32歳／千葉県）

「運動神経やリズム感が養われた気がします」（35歳／神奈川県）

「音楽が好きになり、今はピアノが得意になっています」（38歳／東京都）

「いろいろな動きができるようになったと思います」（37歳／神奈川県）

「外遊びができない日でも、これなら良い運動になりますね」（38歳／千葉県）

「リズム感が良くなって歌も好きになりました」（30歳／東京都）

「だんだん音の意味を理解し、踊りが上手くなってきました」（29歳／千葉県）

**72.9%** のママが効果を実感！

# 同じ絵本を繰り返し読んで聞かせる

## どんな育児法なの？

### 目で見るよりも耳で聞かせて覚えさせる

0歳〜2、3歳までの子どもの脳は左脳よりも右脳中心に働いていると言われています。そのため言語学習については目で見て学ぶ記憶よりも、耳で聞いて覚える記憶のほうが圧倒的に優れていると考えられています。この時期の子どもには親が積極的に話しかけて言葉をインプットさせてあげることが大切です。

そこでご紹介したい言語教育法のひとつが「同じ絵本を繰り返し読んで聞かせる」という方法です。絵本の読み聞かせはやっているというママも多いと思います。もちろん、読み聞かせをするだけでも、知育効果があると言われていますが、より脳に効果的な読み聞かせの方法はあまり知られていません。この方法は幼児教育メソッドとして有名な七田式幼児教育などで提唱されているものです。詳しくは次のページからご紹介していきます。

この育児法については、とりわけ多くのママからコメントが寄せられています。「絵本好きになって、情緒豊かになった気がします。言葉を覚えるのも早かったと思います」（33歳／千葉県）、「大好きな絵本は暗唱するくらい毎日読みました。絵本によって語彙力がアップした気がします」など、効果を実感している人も多いようです。

くり返し読んで聞かせる
完全に記憶する
むか〜し、むかし、あるところに〜
ももたろう

## どんな風にやるの？

### 絵本を「完全に暗記」させる 2歳前後から効果を実感

七田式幼児教育において、絵本の読み聞かせは「同じ絵本を何度も繰り返し読んで聞かせる」ことを大切にしています。この「繰り返し」に重点を置いており、何度も繰り返し読んで聞かせることで、子どもの耳の記憶を育てることにつながると考えられています。何度も繰り返し読んで聞かせることで、絵本の中の文章をすべて暗記するという「完全暗記」の状態になり、記憶の質が変わり、頭の質まで変えてしまうと言われています。

暗記は重要な知力のもとであり、完全暗記ができる脳の状態になると、子どもは記憶することに慣れ、「記憶が楽」「学習が楽」だと感じる脳になると七田式幼児教育では考えられています。

アンケートの結果でも、この暗記法に関して「言葉がしゃべれるようになってから、何度も読んでいた絵本のフレーズを読み聞かせしていました。子どももこちらの言葉をちゃんと聞いていたと思います」（36歳／東京都）、「何度も読む絵本は2歳になる前から暗記していました。ひらがなを記憶する手助けになっていたと思います」（37歳／東京都）など、多くのママが「2歳前後」から暗記ができるようになったと実感しているようです。

**POINT**

**上手に絵本を読み聞かせるためのポイント**

- 「同じ絵本」を「何度も繰り返し」読み聞かせる。
- 絵本は完全に覚えるまで読み聞かせる。
- 2歳前後から暗記の効果を実感する人が多い。
- 絵本の読み聞かせのときは「抱っこ」や「添い寝」など、スキンシップを大事にする。
- 「シール絵本」は指先を使うので器用さが養われ、脳を効果的に刺激できる。
- とにかく子どもを褒めてあげる。

この子は積み木で遊んでるね？
この犬さんはご飯を食べてるね？

抱っこや添い寝をしてスキンシップをとりながら読み聞かせましょう

これはどこに貼るのかな〜？

指先を使ってシールを貼っていくことで器用さが養われ、脳を刺激することにもつながります

### どんな効果があるの？

## 脳を育てるための絵本の読み聞かせ方

脳科学的な見地からも絵本の読み聞かせは、とても有効だと言われています。その理由のひとつに、読み聞かせには「目から入る刺激」と「ママが発する声の刺激」の2種類の刺激がある点です。また読み聞かせをするときには子どもを抱っこしながら、または添い寝をして行うと、より効果的だと言われています。

さらに読み聞かせをするときには書いてある文字を読むだけではなく、「この子犬さんはご飯を食べているね？」「この子は積み木で遊んでいるね」など、子どもに「語りかける」ことも重要です。自発的に絵本を見るようになれば、それは絵本を読んでもらうことが「楽しいこと」と認識されている証拠です。「自発性」をうながすことは、子どもの成長において、とても大切なことだと考えられています。

そのほか、脳を育てる絵本として、「シール絵本」も効果的です。指先を使ってシールを貼ることで器用さが養われ、脳を刺激することにつながるからです。読み聞かせをする際には、子どもが反応したら、おおげさに褒めてあげましょう。褒められると、そのうれしさから脳に快感物質であるドーパミンが分泌され、「次はもっとうまくやろう！」という意欲が生まれるのです。

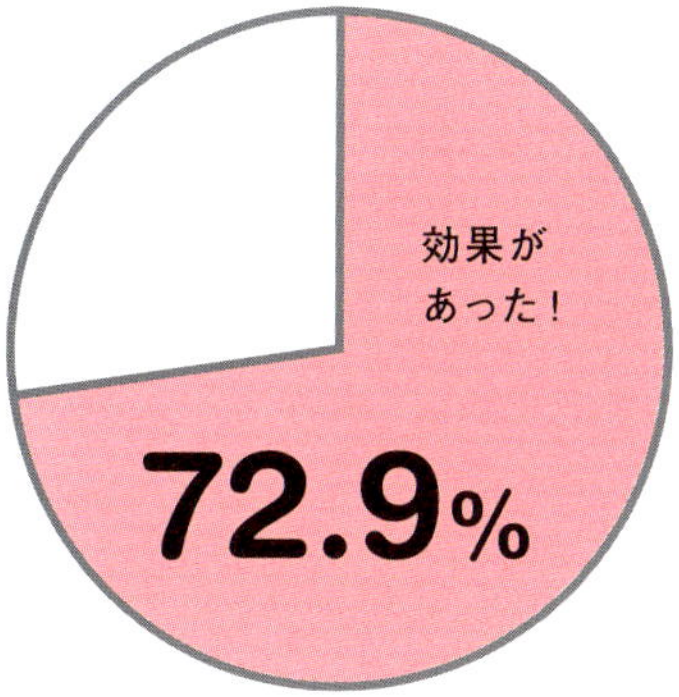


「やってよかった!」「試してみる価値あり!!」…
# 「繰り返し絵本を読み聞かせる」の効果を実感した現役ママの声

アンケート調査の結果、全体の約72.9%のママが「効果があった」と実感。
文字を覚えたり、暗記する力がついたという内容のコメントが数多く寄せられています。

「何度も同じ本を読むので、自分で文章を作ることを覚えるようになりました。教えなくても字が読めるようにもなりました」（36歳／東京都）

「2歳頃から暗記ができるようになりました」（31歳／東京都）

「たくさん言葉を覚え、いろいろなことに疑問を持つようになりました。寝る前に読むと、読まないときと比べ、寝付きがよい気がします」（35歳／神奈川県）

「本や文字に興味を持ってくれるようになったので、ひらがなやカタカナなどを覚えるのが早かったです」（38歳／千葉県）

「2歳半から童話や詩文を聞かせていたので、文字の認知は飛躍的に発達しました。また、小学校に入る前には新聞を読めるようになりました」（33歳／神奈川県）

「言葉を覚えるのと同時に、頭の中で想像力を働かせて物語を楽しめるようになったと思います」（31歳／神奈川県）

「言葉を聞き、物の名前を覚え、物語をちゃんと理解するようになりました」（35歳／千葉県）

「0歳からやっていましたが、2歳の今では毎日のように自分で絵本を選んできて、私に読むようせがんでくるようになりました」（34歳／東京都）

お役立ち
育児コラム
part.4

## 子育ての疑問や不安を解消！

# 「しつけ」に関するお悩みQ&A

**発育や食事、知育問題など、育児中のママの悩みは尽きないもの。ここではそんな悩みの中でも多くのママたちが気にしている「しつけ」の問題を取り上げ、その悩みや疑問にお答えします。子育て中の多くのママが悩みがちな問題なので、ぜひ参考にしてみてください。**

※質問に対する答えはあくまでも参考意見としてお読みください。個人差やお子様の月齢によって、対処の仕方や効果は変わります。

### Q 友達の輪に加われなくて ちゃんと遊べるか心配です…

保育園で友達が遊んでいても遠くから見ているだけで、声をかけて一緒に遊ぶことができないでいます。何かやりたいときでも、自分からは行動が起こせず、私に手伝ってもらおうとします。また、知らない人に声をかけられるとまったく反応できずに固まってしまいます。来年から幼稚園なのですが、このままで大丈夫なのでしょうか？

### A 無理に遊ばせるのはNG 自然と湧きあがる気持ちを大切に

心配する気持ちはわかりますが、遠くからでもお友達の様子を見ているようなら大丈夫。どんな風に遊んでいるのか、関心を持っている証拠だからです。一緒に遊べるようになるために、まずはママが子どもたちの輪に入ってみましょう。子どもは後からついてくるはずです。無理に輪の中に入れたりせず、「遊びたい！」と自発的に湧きあがってくる子どもの気持ちを大切にしましょう。

### Q お友達の物を無理矢理とって、よくケンカになるんです

友達が遊んでいる物を欲しがり、無理矢理取ったりしてよくケンカになっています。そのたびに叱って、「仲良くしようね」「『貸して』って言ってからにしようね」と言い聞かせているのですが、なかなか我慢できないようです。上手に貸し借りできているお友達もいるのに…。私のしつけが間違っているのでしょうか？

### A 「ままごと遊び」で 貸し借りの練習をしましょう

この年齢で「貸す」「借りる」という行動を認識するのは難しいものです。とはいえ、このままでは友達関係も悪くなってしまいますよね。そのようなときは、「ままごと遊び」を通して、普段からママと貸し借りの練習をしておくと良いでしょう。何かを欲しがったときには、必ず「貸して」や「ちょうだい」という言葉を言わせるようにすることが大切です。

### Q 欲求を我慢させるような しつけ方などはあるの？

言葉を多少理解できるようになったのですが、最近、欲求が満たされるまでぐずり続けるようになって困っています。コンビニなどで商品を見ていると指さして欲しがるのですが、渡さないとぐずりが大変で、こっちが無視したりすると本気で泣きだすなど手におえなくなることもしばしば…。欲求を我慢させるしつけなどはあるのでしょうか？

### A 泣いたり騒いだりしても一貫して 「ダメ」と言い続けることが大切

この時期は自我が芽生えてくるころです。感情を言葉ではなく動作で表現するようになり、要求が通らないと怒ります。我慢させるためには、「ダメ」と短い言葉ではっきりと伝えるようにしましょう。泣いても騒いでも、一貫して「ダメ」と言い続けることが大切です。「できることとできないことがある」ということを根気よく理解させましょう。

**Q 赤ちゃんにテレビやDVDなどを見せるのはいけない？**

「赤ちゃんにはテレビなどの映像をあまり見せないほうがいい」とよく聞きます。それはテレビ番組の内容によるのか、それともモニターに映る映像や音声を視聴させること自体がよくない、ということなのでしょうか？

**A ほったらかしで見せるのはNG 親子の会話のきっかけにしよう**

1歳未満の赤ちゃんの場合は見ているテレビ番組の内容はほとんど理解できていません。音楽やテレビに動くものに興味を持つ場合もありますが、テレビなどを見る場合はパパやママも一緒に見て、赤ちゃんに話しかけながらコミュニケーションのひとつとして取り入れましょう。ほったらかしでテレビを見せるのは避けるべきでしょう。

**Q おとなしくしているときでもずっと相手をしてあげたほうがいいの？**

赤ちゃんがおとなしくしているようなときでも、ずっとかまっていたほうがよいのでしょうか？　放っておくと情緒に悪い影響があるかもと、心配で家事をするタイミングがわからなくなってしまいます。

**A ずっと相手をする必要はない かまってほしいときには合図がある**

起きている間、ずっと相手をしている必要はありません。ママも疲れてしまいます。赤ちゃんは相手をしてもらいたいときや甘えたいときには、声を出してママに合図を送ってきます。時間があれば起きているときにたっぷり遊んであげたいところですが、忙しいときには赤ちゃんが要求してきてから相手をしても問題ないと思います。

**Q パパは甘やかしてばかり…。叱ってばかりの私は嫌われちゃうの？**

パパはいつも甘やかしてばっかりで、叱ってばかりいる私はなんだかいじめているような気持ちになってしまうことも…。息子は10カ月なんですが、今後どうすればいいのでしょうか…？

**A 夫婦間でしつけの考え方について すり合わせておくことが大切**

10カ月くらいなら、まだママを全面的に信頼している時期ですが、今後もママばかりが叱り役で、パパが甘やかすなど、パパとママの意見がくい違う状況が続くのであれば、よくありません。子どもも誰の意見を聞いてよいかわからなくなり、混乱してしまいます。しつけの考え方については、今のうちに夫婦間で意見をすり合わせておくことが大切です。

**Q 言うことを聞かないときについつい手で叩いてしまいます…**

おむつ交換や食事など、何をするにもだだをこねます。皿を投げたり、食べ物を投げたりしたときは、いけないと思いながらも、ついつい手などを叩いてしまいます…。このままだと体罰にもエスカレートしそうで怖いのですが、どうしたら良いのでしょうか？

**A 「成長の証」と捉えて しっかりと受け止めてあげましょう**

1歳半～3歳頃まではとにかく育児に手間がかかる時期です。このような反応も自立した人間になろうとしている証だと捉えて、このような自己主張をしっかりと受け止めてあげましょう。物を投げるのも、見方を変えれば筋力を鍛えるために必要な動きです。困るようなら公園でボール遊びをするなど、遊びのなかで発散させてあげるのも効果的でしょう。

**Q 何かあるとすぐに手を出してケンカを始めます**

男の兄弟なんですが、おもちゃの取り合いなど、何かあるとすぐに手を出してケンカをします。叩き方もかなり強いので「叩いたらダメでしょ！」と注意しているのですが、聞いてくれません。今後の幼稚園のことを考えると心配なのですが、手を出すことをやめさせる方法はないのでしょうか？

**A 止めるときは体を使って、物で殴らないことを必ず約束させましょう**

兄弟間でも手を出すのは一時的なことです。軽いケンカの場合は口を出す必要はないですが、激しい場合は叩いたりしないで、体をしっかり押さえつけるようにして止めましょう。また、ケンカのときでも絶対に物を使って殴らないことを約束させましょう。物で叩こうしていたら取り上げて、「もうしない」と約束するまで物を使って殴ることの危険さをじっくり説明しましょう。

**Q 「かんしゃく」がひどくてとても困っています…**

子どもが理由もなくかんしゃくを起こします。電車でも道路でも、突然泣きわめき、寝ころんで暴れたりするんです。なだめてもまったくおとなしくならず、精神的に何か問題があるのかと不安です。どのように対処したらいいのでしょうか？

**A 事前に「協力」を頼んで、楽しく過ごせるように工夫しましょう**

「かんしゃく」も子どもにとっては「自己主張」のひとつ。このような「かんしゃく」は病気ではないので心配する必要はありません。静かにしてほしいときには、事前に子どもに「協力」をお願いしてみましょう。「電車の中では楽しくしよう！おもちゃ持って行こう！」などと言って、子どもの好きなものを持っていくだけでも、態度が変わってくるでしょう。

**67.0%** のママが効果を実感！

# 「お買いものごっこ」をして遊ぶ

この頃の月齢になってくると、想像力が発達して、積み木を車に見たてたり、ままごと遊びをしたりと、「ごっこ遊び」ができるようになります

ブーブー、アブナイですよ～

そろそろ、ゴハンですよ～

## どんな育児法なの？

### 「ごっこ遊び」は複合的な理解を必要とする高度な遊び

3歳になるころには、積み木を自動車に見立てて走らせて遊んだり、お人形を使ってままごと遊びをしたりなど、想像力が発達してきます。「ひとり遊び」をしながら、いろいろなことをしゃべるようになったら、想像力がしっかりと発達してきている証拠です。

さらに成長していけば、子どもだけで役割を演じて遊ぶままごと遊びなど、本格的な「ごっこ遊び」もできるようになってきます。その前段階として、ママがリードして、一緒に「ごっこ遊び」をしてみましょう。

そこでオススメなのが「お買い物ごっこ」です。お客さんと店員さんに分かれて、お金や品物をやりとりして遊ぶ「お買いものごっこ」は子どもに大人気です。しかも、「ごっこ遊び」は数の概念や物の名前を覚えたり、人とのかかわりあいなどを理解する必要がある高度な遊びで、脳の発達に良い影響があると言われています。

また、お買い物ごっこができるようになったら、ごっこ遊びで使うさまざまなものを利用して、ワーキングメモリーを鍛える「記憶遊び」に発展させることもできます。「ごっこ遊び」をしながら、子どもに「これと同じものをこっちに持ってきて」などと声をかけることで、記憶力を強化することができるのです。

※ワーキングメモリー…何かをするために「一時的」に覚えておく能力。「作業記憶」「一時的記憶」とも呼ばれる

野菜などの食べ物のおもちゃや買い物かごなどを用意して臨場感を出して、子どもが楽しく遊べるように工夫しましょう

## どんな風にやるの？

### お買いものごっこではママがリードしながら一緒に遊ぶ

ママも一緒に「お買い物ごっこ」をして遊ぶときは、ママがリードしやすいようにお店屋さんを演じるようにしましょう。「お金」はおはじきで、「品物」はお魚やお肉、野菜のおもちゃなど、日常で目にするものを使えばより現実に近くなり、子どもも楽しく遊べます。お金のやりとりは、1～5円くらいまでの数字を使うとわかりやすいでしょう。

まずは「どれがほしいですか？」「いくつほしいですか？」とママのほうから言葉を投げかけてあげます。お金のやりとりも「ニンジンを2つ買ったので2円ください」などと声をかけ、子どもがやりとりしやすいようにリードしてあげると良いでしょう。お金などの数を伝えるときは、指で1本、2本と示しながら声をかけてあげると、さらに子どもも理解しやすくなります。

アンケートの回答を見てみると、「コミュニケーション能力が養われ、語彙が増えたと思います」（36歳／東京都）、「他人とのやりとりをマネることで社会性が身につきました」（36歳／東京都）など、コミュニケーション能力を養ったり、言葉の理解につながる効果があるといったコメントが数多く寄せられています。

**❀ POINT ❀**

**「お買い物ごっこ」を上手に行うためのポイント**

- ❀「ひとり遊び」ができるようになったら取り入れてみる。
- ❀ 物事を複合的に理解する能力が求められる高度な遊びで脳の発達をうながす。
- ❀「お買い物ごっこ」はママがお店屋さん側を演じ、子どもをリードしてあげる。
- ❀ お金は1～5円くらいまでの数字を使う。
- ❀ 数を伝えるときは言葉だけでなく指を使って視覚的にも伝える。

# 記憶遊び

**「何がなくなったかな～?」と問いかけて、なくなっているものを当てさせましょう**

## どんな効果があるの？

### おもちゃを使った「記憶遊び」でワーキングメモリーを鍛える

お買い物ごっこができるようになったら、ごっこ遊びで使うさまざまなものを利用して、ワーキングメモリーを鍛える「記憶遊び」を取り入れてみましょう。

まず、お買い物ごっこで使う食べ物のおもちゃやおはじき、お皿などのなかから、同じものをふたつずつ用意します。ひとつをテーブルの上に置き、例えばママが野菜のおもちゃを見せて、子どもに「これと同じものをこっちに持ってきて」などと声をかけて、テーブル上にある同じもの（野菜のおもちゃ）を選ばせます。これがおもちゃを使った「記憶遊び」です。

また、「物を隠す」というやり方もオススメです。テーブルの上に小物を3つほど置き、子どもに一度確認させたあと、「おめめを閉じてみて」と声をかけて、目を閉じている間に小物をひとつ隠します。その後、子どもに目を開けさせて、「何がなくなったかな～?」と問いかけて、なくなっているものを当てさせるという遊びです。

「記憶遊び」は短期的な記憶（＝ワーキング・メモリー）を鍛えることにつながり、脳の発達をうながすことができます。上手にできたときには、「できたね～、すごいね～」と積極的にほめて、達成感や充実感を感じさせてあげましょう。

※ワーキングメモリー…何かをするために「一時的」に覚えておく能力。「作業記憶」「一時的記憶」とも呼ばれる

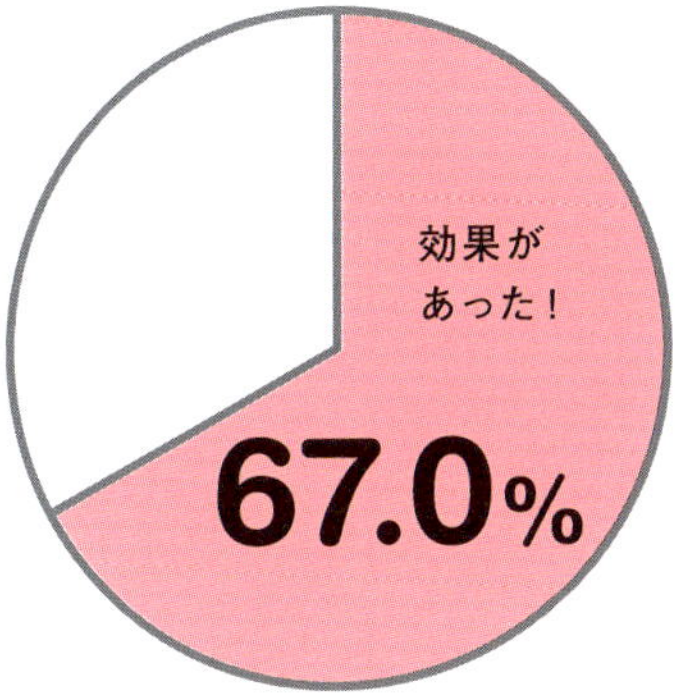


「やってよかった！」「試してみる価値あり!!」…

# 「お買い物ごっこ」の効果を実感した現役ママの声

アンケート調査の結果、全体の約67％のママが「効果があった」と実感。コミュニケーション能力や語彙力が向上したという内容や社会性が身につくきっかけとなったという内容のコメントが数多く寄せられています。

「計算ができるようになりました」（39歳／埼玉県）

「社会生活の一端を学習できたと思います」（30歳／東京都）

「お客さんや店員さんを体験する度に、相手の気持ちも考えることができるようになったと思います」（28歳／東京都）

「感情表現が豊かになりました」（35歳／千葉県）

「身近な生活の一部をテーマにして遊ぶことで、いろいろな感情を織り交ぜながら、自然と理解できたと思います」（39歳／神奈川県）

「実際のお店やそこで売っている物、店員さんに興味を持つようになりました」（36歳／神奈川県）

「金銭感覚や生活に役立つ行動が身につきました」（31歳／東京都）

「とっても好きな遊びで、買い物に行った様子をリアルにマネしたりしていました」（37歳／神奈川県）

「物の名前やお買い物のやりとりが身につきました」（24歳／東京都）

「熱中して遊べるようになりました」（38歳／神奈川県）

「お友達ともコミュニケーションをとるようになりました」（36歳／神奈川県）

「疑似体験ができて楽しそうにしていました。子どもがお店役のほうでも楽しそうにしていました」（37歳／埼玉県）

「会話が豊富になったと思います」（36歳／東京都）

「数やお金に興味が出てきました」（38歳／千葉県）

# 66.2% のママが効果を実感！ 「ファスナーの開け閉め」や「ボタンかけ」の練習をさせる

ファスナーやボタンがついた知育用の人形

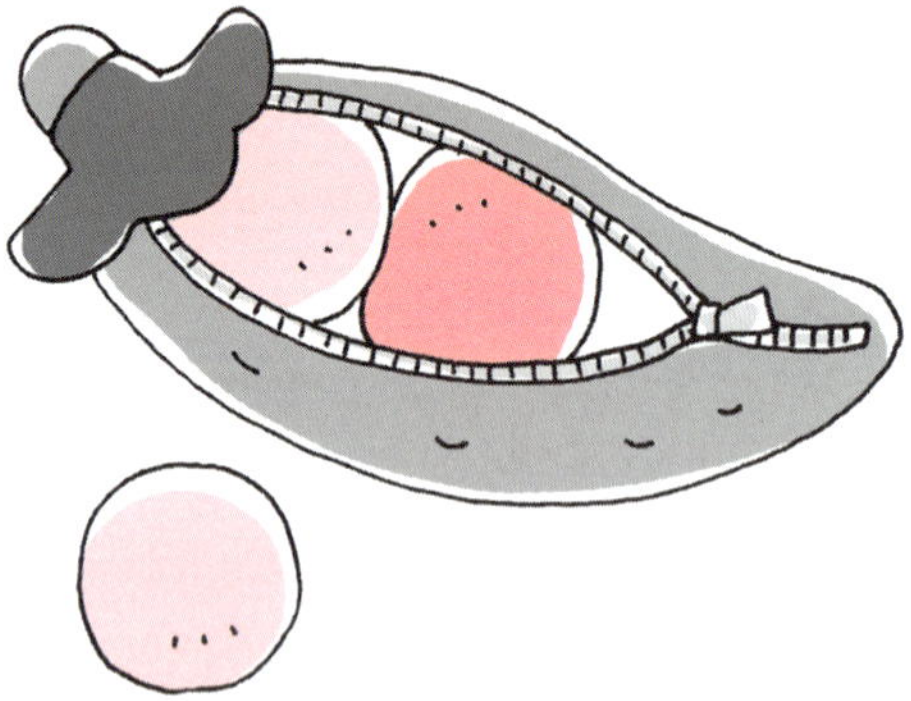
数遊び用のさやえんどうグッズ

## どんな育児法なの？

### おもちゃや日常の行動を通して指先の器用さを養う

1歳半ばから2歳前後は「きき手」がはっきりとしてくる時期です。この時期からは、手先の器用さを養う遊びも取り入れていきましょう。ファスナーやボタンがついた人形や数遊び用のファスナーのついたさやえんどうのおもちゃなど、知育用のおもちゃを利用すると効果的です。

「洋服のボタンを留めたり、バッグなどのファスナーを開閉させたりと、日常生活の中でも子どもに取り組ませると効果的です。親が着せたり履かせたりする方が親は楽ですが、時間がかかっても、子ども自身にさせることが大切です」（All About「早期教育・幼児教育」ガイド／上野緑子さん）

## どんな効果があるの？

### 洋服の脱ぎ着もできるように

アンケートの結果、「ボタンかけ」の効果を実感したママからは「幼稚園入園時には自分ですべて着替えることができるようになりました」（36歳／東京都）や「自発的に着替えるようになりました」（37歳／東京都）など、手先の器用さを養うだけでなく、その後、洋服の脱ぎ着をひとりでできるようになったというコメントが数多く寄せられています。

「やってよかった!」「試してみる価値あり!!」
## 「ファスナー遊び」「ボタンかけ」の効果を実感した現役ママの声

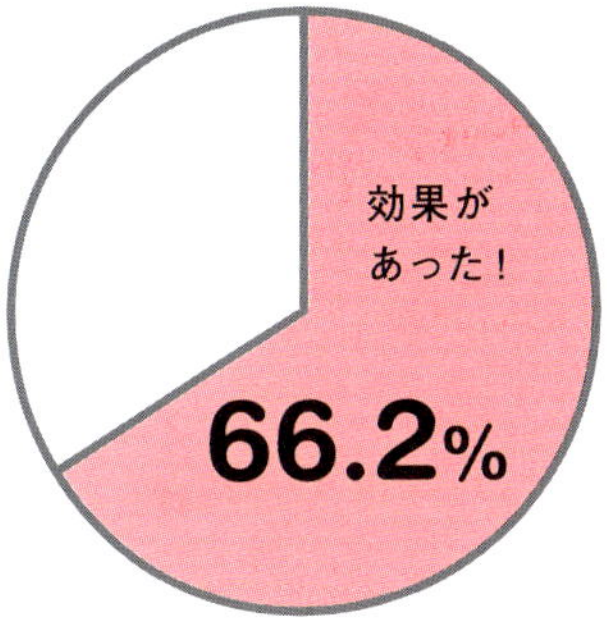
効果があった！
66.2%

- 「洋服など自分で脱ぎ着できるようになりました」（29歳／東京都）
- 「入園後の洋服の脱ぎ着に自信が持てたようでした」（39歳／神奈川県）
- 「着替えを自分でやるという意思を持つようになりました」（32歳／神奈川県）

**ボタンがけは指先の器用さを養うとともに、自立への第一歩となる大事な遊びとなります**

ここにはボタンもあるね〜

### POINT

**「ファスナー遊び」「ボタンかけ」を上手に行うためのポイント**

- 「きき手」がはっきりしてきたら行う。
- 知育用のおもちゃを利用すると効果的。
- ボタンかけやファスナーは日常生活の中でも練習できる。
- ボタンかけができることはその後の洋服の脱ぎ着でも大切になる。
- 子どもに達成感や満足感を感じさせることも大事。

## どんな風にやるの？

### 達成感や満足感を感じさせる

ファスナーやボタンがついた子ども用のおもちゃなどを使って、楽しみながら手先の器用さを養う遊びをしていきましょう。指先が器用になれば生活する上でもとても便利になります。

特にボタンかけの練習は普段の洋服の脱ぎ着をひとりでできるようになるためにも大切なので、積極的に行いましょう。手首のひねり方やボタンをつまむ指先の力の入れ具合など、複雑な動きを覚えることができます。

ボタンかけの練習がうまくできない場合は、さりげなくママが手助けをしてあげましょう。ただし、ママがやってあげるのではなく、あくまでも子どもにやらせること。子どもに「自分でできた！」という達成感や満足感を感じさせることが大切です。

「上手にできるようになるためには、ボタンかけやファスナーの開閉、靴を履かせる行為をママがやってあげている時期に、必ずその動きを見せることが大事です。子どもは親の行動をとにかくマネしようとします。それなので、動作を見せることでその感覚を意識させることができます。ママは『やってあげる』ではなく、『一緒にやる』という意識を持つと良いでしょう」（NPO法人日本子育てアドバイザー協会／増谷幸乃さん）

**61.6%** のママが効果を実感！

# ジグソーパズルで遊ばせる

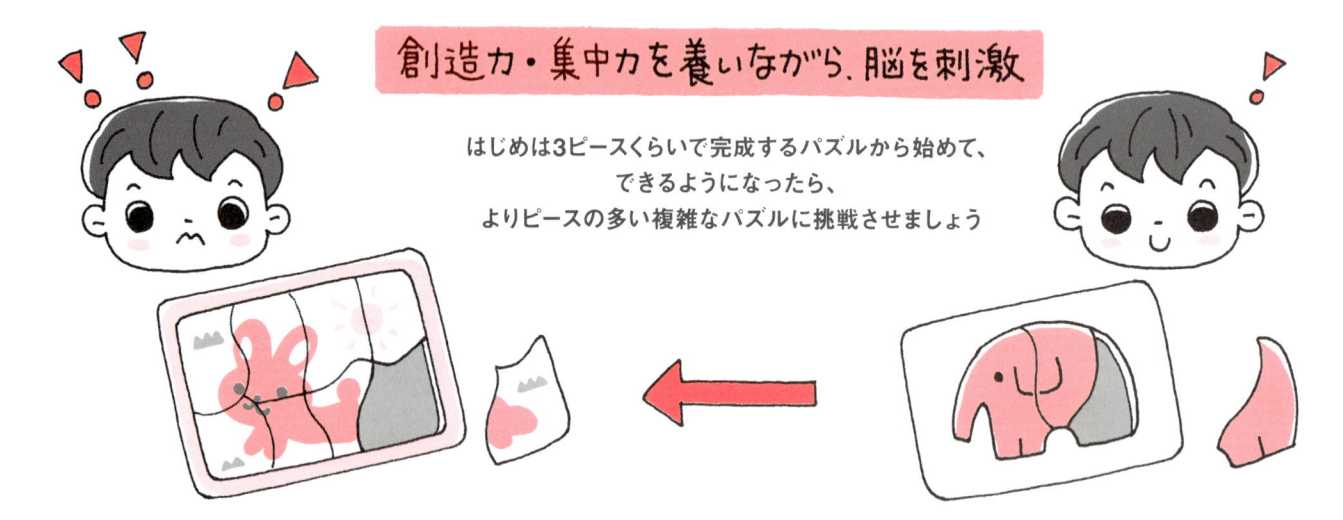

## 創造力・集中力を養いながら、脳を刺激

はじめは3ピースくらいで完成するパズルから始めて、
できるようになったら、
よりピースの多い複雑なパズルに挑戦させましょう

### どんな育児法なの？

**指先を使うジグソーパズルで遊ぶ**

1歳半～3歳の時期にはジグソーパズルにも取り組みましょう。絵柄をじっくり観察する力や完成を予測する力が求められるジグソーパズルは手先の器用さや想像力を養うのにとてもよい遊びと言えます。この時期は月齢によって飛躍的に成長していくため、ピース数などは月齢に応じて増やしていく必要がありますが、まずは3ピースくらいの簡単なパズルから始めると良いでしょう。3歳前後には手先もしっかり使えるようになり、さまざまな判断もある程度自分でできるようになりますので、そのときには複雑な絵柄とピース数で構成されたジグソーパズルに挑戦させましょう。

### どんな効果があるの？

**手先の器用さや創造力、集中力を養う**

「ジグソーパズルは手先の器用さが養われるほか、集中力を身につけるためにもとても有効だと思います。目で見て、絵柄の構成を考えて、指先ではめ合わせを探っていくなど、複雑な作業となるので、さまざまな刺激を得られる遊びになります」（ＮＰＯ法人日本子育てアドバイザー協会／増谷幸乃さん）

「やってよかった！」「試してみる価値あり!!」
## 「ジグソーパズル」の効果を実感した現役ママの声

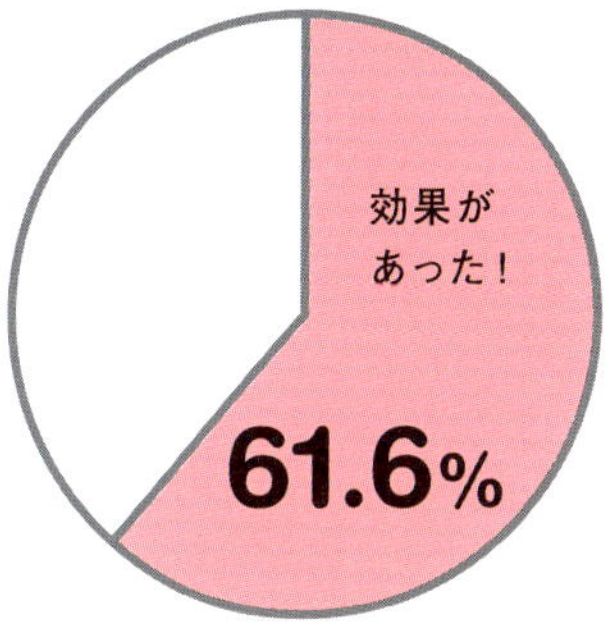
効果があった！
61.6%

- 「集中力が高まったと思います」（34歳／千葉県）
- 「手指の器用さや忍耐力が身についたと思います」（38歳／神奈川県）
- 「物の形の把握ができるようになったと思います」（25歳／東京都）

**まずは6～8ピース程度のパズルで遊ばせます。できるようなら、ピースの数が多いもので遊ばせましょう**

これはどの部分に入るかな～？

### POINT

**「ジグソーパズル」遊びを上手に行うためのポイント**

- 手先の器用さや創造力、集中力を養うのに効果的な遊び。
- 月齢に合わせて、より複雑でピース数の多いパズルで遊ばせる。
- 子どもの好きな絵柄やキャラクターもののパズルなら子どもも積極的に取り組む。

どんな風にやるの？

## 段階的により複雑なパズルにも挑戦

月齢に合わせて、より複雑な絵柄や多くのピースで構成されるパズルで、繰り返し何度も遊ぶようにしましょう。うまくできない場合は、初めにママがお手本を見せてあげると良いでしょう。他者の行動やその意図を理解する手助けになると考えられている脳内の神経細胞「ミラーニューロン」を鍛えることもできます。また、子どもが気に入っている絵柄やキャラクターもののパズルを用意すれば、子どもも積極的に取り組むようになるはずです。

「成長著しいこの時期には上手に遊べるピースの数も子どもの成長度合いによってさまざまではありますが、2歳前後で興味を持ち始め、遊んで行くうちにどんどんピースの多い複雑な物ができるようになります。3～4歳のお子様でも、初めは4～10ピースくらいの簡単なものから始めましょう」（NPO法人日本子育てアドバイザー協会／増谷幸乃さん）

アンケートでは、多くのママから感想が寄せられていて、「完成させる喜びを感じ、根気強くやり通すようになりました」（38歳／神奈川県）や「創造力や考える力がついたと思います」（38歳／千葉県）、「図形を認知する能力がつき、手先が器用になったと思います」（38歳／千葉県）など、さまざまな能力が養われたというコメントが寄せられています。

※ミラーニューロン…「人のまね」をしたり、表情から「心」を読む手助けをする脳内物質

**58.3%** のママが効果を実感！

# さまざまな楽器に慣れさせる

## どんな育児法なの？

### さまざまな楽器の音を聴かせる

赤ちゃんは生まれたときから身の回りの生活音や音楽など、さまざまな「音」を聴き、脳にインプットしています。

2歳を過ぎるころには、今まで聞いてきた音が何の音であるかを理解できるようになっています。その音への理解を深めるために、ついたてやドアの陰からさまざまな音を聞かせて、子どもにそれが何の音であるか、当てさせる遊びを取り入れてみましょう。

これまでに聞いたことがある音であれば、子どもも言い当てることができるはずです。

例えば、ラッパや笛、タンバリン、小太鼓など、赤ちゃんのころから遊んでいたり、聞かせていた楽器などを使ってやってみるとよいでしょう。

「聞く」（聴覚）能力を伸ばしていくためにも、さまざまな楽器を揃えて、いろいろな音を体験させてあげましょう。

聞き分けられるようになったら、その後楽器の種類を増やしていき、音の高低を聞き分けたり、リズム感を身につけさせるようにします。このような訓練をしていくことで、「音楽」を聴いて楽しめるような感性を育てていきましょう。

## オススメの楽器

## どんな風にやるの？

### 実際に楽器を使って音を出して遊ばせる

さまざまな楽器の音を聴かせるとともに、実際にいろいろな楽器を子ども自身に使わせて、いろいろな音を鳴らす体験をさせてみましょう。

まずは簡単に音が出せる太鼓や笛、ラッパ、タンバリン（イラスト参照）などを使って、遊ばせてみましょう。「ハチがとぶ」や「きらきら星」など、分かりやすくリズムが一定の音楽をかけながら、リズムに合わせて音を出すのも良い方法です。

そのほか、普段、子どもが気に入っている音楽などを利用すれば、子どもも興味を持って取り組めるでしょう。

慣れてきたら、今度はトライアングルやカスタネット、ミニピアノなど、ちょっと複雑な動作が必要になる楽器を与えてみましょう。

初めて持つ楽器の場合は、ママが持ち方や音の出し方を教えてあげると良いでしょう。トライアングルであれば、利き手に叩く方の棒を持たせます。ミニピアノは片手ではなく、両手を使って鍵盤を叩くように教えてあげましょう。

ママがまずお手本をみせるなどして、子どもの興味を引き出すよう工夫してみてください。

## POINT

**楽器を上手に使えるようになるためのポイント**

- 隠れたところから楽器で音を出して、何の音か当てさせる。
- 使う楽器はラッパ、タンバリン、太鼓など簡単に音が出せるものがオススメ。
- 一定のリズムに合わせて音が出せるように練習する。
- 慣れてきたら、トライアングルやミニピアノなど、より複雑な楽器に挑戦させる。
- ママの手拍子のリズムに合わせて音を出す「リズム遊び」をやってみる。

ママの手拍子のリズムに合わせて音を出す練習をしましょう

## どんな効果があるの？

### ママと一緒に遊ぶ「リズム遊び」にも挑戦する

音楽のリズムに合わせて音が出せるようになってきたら、今度はママが「タンタン、タタン」などと、手拍子でリズムをつけて、その手拍子のリズムに合わせて子どもに音を出させる「リズム遊び」に挑戦してみましょう。

ときどきリズムを変えながら、いろいろな間隔で手拍子をして、子どもに同じリズムで音を出すよううながします。こうすると、リズム感が養われるだけでなく、感情豊かな表現力や創造性を養うことができると考えられています。

アンケートでも、その効果を実感したというママから「子どものころから、音楽に合わせて楽器を奏でるのが好きだったので、創造力が豊かになったのではないかと思います」（33歳／千葉県）や「子どもには、音楽を好きになってほしかったのですが、アドリブで演奏したりと、リズム感のある子になったと思います」（38歳／千葉県）、「今現在はバイオリンとピアノを習っているのですが、楽器が好きになったのは小さいころから触れていたおもちゃの楽器の影響だと思います」（36歳／東京都）など、音楽に対しての感性やリズム感、音感を養うのにとても効果があったというコメントが数多く寄せられています。

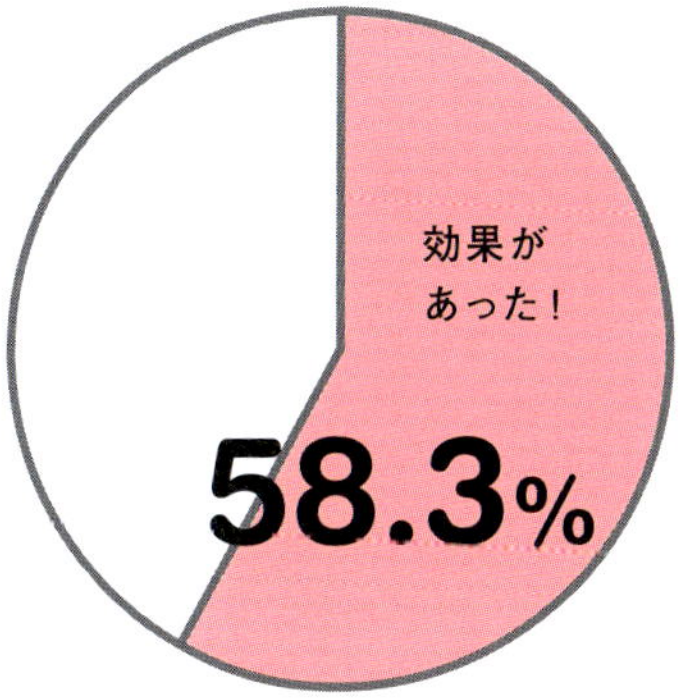


## 「やってよかった！」「試してみる価値あり!!」…
# 「楽器の音を聞かせる」の効果を実感した現役ママの声

アンケート調査の結果、全体の約58.3%のママが「効果があった」と実感。
感情表現が豊かになり、音楽的センスが養われたという内容のコメントが数多く寄せられています。

「音楽に合わせて楽器を奏でるようになり、創造力が豊かになったのではないかと思います」（33歳／千葉県）

「楽器に触れていたせいか、感情が豊かになった気がします」（33歳／東京都）

「おもちゃのピアノを使って、自分で、適当にですが、作詞作曲までするようになりました」（37歳／埼玉県）

「キーボードが気に入ったようで、今では音楽が大好きになりました。ピアノを弾くのがとても上手になったと思います」（36歳／東京都）

「感性が豊かになり、音感が良くなったと思います」（30歳／東京都）

「機嫌が悪い時も、喜んで遊べるようになりました」（36歳／神奈川県）

「音楽を聞くと自然と体を動かすようになり、表情もにこやかで豊かになったと思います」（33歳／東京都）

「音が出る面白さや、演奏する楽しみを知るきっかけになったと思います」（39歳／東京都）

**55.0%** のママが効果を実感！

# ハサミの使い方を教える

**5本の指を複雑に動かす⇨脳の多くの部分を刺激**

## どんな育児法なの？

### 5本の指をすべて使うことで脳の多くの部分を刺激する

幼い子どもにハサミを使わせるのは、一見とても危険なことのように思えますが、知育という観点から考えると、非常に大切なことです。

この「ハサミ」を積極的に幼児教育に取り入れているのが、幼児教室「母と子のオムニパーク」を主宰している福岡潤子さんです。

「ハサミは5本の指を全部使うことになるので、脳に多くの刺激を送ることになります。一見すると地味な作業にも見えますが、線の通りに切ろうとすることで注意力・集中力が増します。また、上手にできたときには、達成感という喜びと、お兄ちゃん・お姉ちゃんになったという満足感・自己肯定感も味わうことができます」（「母と子のオムニパーク」／福岡潤子さん）

家庭で子どもにハサミの練習をさせるときには、必ずママがそばにつき、誤って手を切ったりしないよう注意することが大切です。また、最初はハサミの持ち運び方から教える必要があります。刃をしっかりと閉じた状態にしてから、刃が開かないようにてのひらの全体で握り、持ち手部分が上を向くように持つ練習をさせましょう。

## 正しいハサミの扱い方

**☆正しい姿勢**
**イスに深く腰掛けて、背筋をピンと伸ばし、両脇を締める**

**☆正しいハサミの持ち方**
**ハサミのひとつの穴に右手の親指を入れ、もうひとつの穴に人さし指・中指を入れる**
**※薬指は指の大きさに応じて判断**

**☆正しい切り方**
**切り取るラインを自分の正面にして、ハサミをまっすぐ入れ、できるだけ刃渡りすべてを使用して切っていく。ただし、切り終わるまでは「パチン」と刃を閉じきらないように。先端など刃の一部を小刻みに動かして切らないように注意！**

※「母と子のオムニパーク」主宰／福岡潤子さん監修

## どんな風にやるの？

### 正しいハサミの扱い方は姿勢と持ち方が大切

次は「正しいハサミの扱い方」について、具体的に説明します。まず「持ち方」の前に「姿勢」が重要です。イスに深く腰掛けて、背筋をピンと伸ばし、両脇を締めた態勢になるようにしましょう。

うまくできない場合は子どもの背中を背骨に沿って、そっとなでてあげると背筋を伸ばすようにうながすことができます。

次にハサミの「持ち方」ですが、ハサミのひとつの穴に右手の親指を入れます。もうひとつの穴に右手の人さし指と中指を入れます。薬指は指の大きさによって入れるかどうか判断します。

最後に「切り方」ですが、まず紙を左手に持ち、切り取る線を子どもの体に向かって垂直の向きにして、ハサミをまっすぐに入れます。

紙を切っていくときには刃渡りのすべてを使用して切っていきますが、切り終わるまでは先端部分を閉じない（パチンと切り終えない）ようにするのが上手に切るためのコツです。刃渡り全部を使わず、細かく刃を動かす切り方は、曲線や円に沿って切る場合に上手に切ることができません。それなので、直線に沿って切る初めの段階から、注意するようにしましょう。

## POINT

**ハサミを上手に使えるようになるためのポイント**

- 5本の指を使うことで脳の多くの部分を刺激できる。
- 達成感、満足感を味わうことができる。
- まずはハサミの「持ち運び方」をきちんと教える。
- ハサミを扱うには、「正しい姿勢」から。
- ハサミを持つときはひとつの穴に親指を、もうひとつの穴に人さし指と中指を入れる。
- 切り終わるまで先端を閉じないように注意する。
- 「パッチン切り」でやる気をうながす。

## 『パッチン切り』の方法

1. 右ひじを体側に合わせて、しっかりとつける
2. 子どもの手を覆うように親がハサミを持ち、ハサミの刃を広げる
3. パッチンと切る。その際に、閉じるのは子どもの力に任せて、開くときに本人に気づかせないように広げる

※「母と子のオムニパーク」主宰／福岡潤子さん監修

## どんな効果があるの？

### 「パッチン切り」で手先の器用さを養う

幼児教室「母と子のオムニパーク」では、そのほか、ハサミの使い方の練習のために「パッチン切り」という切り方を子どもに教えています。

これは短冊状の細い紙を用意して、親が手助けをしながら「パッチン、パッチン」と切っていくというもの（イラスト参照）。ハサミを最後まで閉じることで、「パッチン！」という音が鳴り、この音とハサミを閉じきる感触が子どもにとっては心地良く感じられ、とりわけ興味を持つそうです。

初めは親の手助けが必要になりますが、次第に右手の補助や紙を持つ左手の動作も子ども一人でできるようになります。

アンケートの結果、ハサミを知育に取り入れる効果については、「本人も好きでよくやっていました。そのため手先がとても器用になったと思います」（39歳／神奈川県）や「指先が上手に使えるようになり、のり遊び、折り紙、工作なども得意になりました」（31歳／東京都）、「ハサミをとても使いたがります。切れるのが楽しいようで、手先を使うのが好きになったようです」（37歳／神奈川県）といった、コメントが寄せられています。

多くのママが器用さや、自立性が養われる効果を実感しているようです。

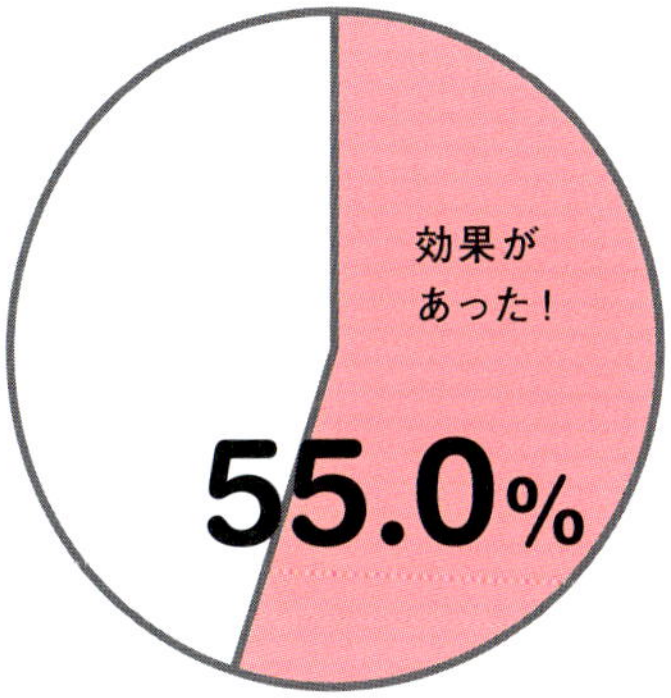


# 「やってよかった！」「試してみる価値あり!!」…「ハサミの使い方を教える」の効果を実感した現役ママの声

アンケート調査の結果、全体の約55%のママが「効果があった」と実感。ハサミを上手に使えるようになることで、手先の器用さを養うことができたという内容のコメントが数多く寄せられています。

「割と早くからやらせていたので、幼稚園などでも恐がらずにうまくできるようになりました」（38歳／神奈川県）

「自分でやろうとする気持ちが芽生えたと思います」（27歳／東京都）

「ハサミを使うことで、自分で作れる作品が増えたと喜んでいます」（38歳／神奈川県）

「手を刃の前に出さない、キャップをするなど、道具を使うルールがあることを知る良い機会になりました」（32歳／千葉県）

「好きな形にものを切ることができ、手先が少し器用になったと思います」（39歳／東京都）

「いろいろな紙を切るのが好きなようです。今は自由に切っているだけですが、工作遊びへの足がかりになりそうです」（32歳／神奈川県）

「手先の器用さと、達成感を感じることにつながったと思います」（38歳／千葉県）

「手先が良く動くようになりました」（38歳／東京都）

「ハサミは危険であることも同時に教えたので、きちんと使えるようになったと思います」（30歳／埼玉県）

「破く遊びの発展系。切った紙で形を作ったり、遊びの幅が広がりました」（34歳／千葉県）

「幼稚園の先生に褒められるくらい、上手に使いこなせるようになりました」（34歳／千葉県）

54.9%のママが効果を実感!

# 小麦粉を使って粘土遊びをさせる

さまざまな感触を体験させる

↓

感性を育てる

## どんな育児法なの?

### 手や指先を使って上手に粘土遊びをする

幼少期には手や指を使っていろいろな感触を体験させておくことが、脳の発達のためにも重要だと言われています。そこで、3歳前後の時期には小麦粉を使った粘土遊びにも挑戦しましょう。

粘土遊びは小麦粉を練って、ちぎって、丸めるなど、手や指先を細かく使うことになるので大脳を刺激することになり、指先の器用さも身につきます。また、物を作ることによって感性や創作力も養うことができます。

外で遊ぶ場合は砂場遊びでも同じような体験をすることができるので、積極的に遊ばせると良いでしょう。

## どんな効果があるの?

### 器用さや想像力、感性を養える

小麦粉を使った粘土遊びの効果について、アンケートでは「創造力豊かに遊べるようになったと思います」(28歳/東京都)や「集中力がつき、自分で考えながら作れるようになりました」(31歳/埼玉県)など、創造力を養う遊びとして効果があったというママからのコメントが数多く寄せられています。

「やってよかった!」「試してみる価値あり!!」
## 「粘土遊び」の効果を実感した現役ママの声

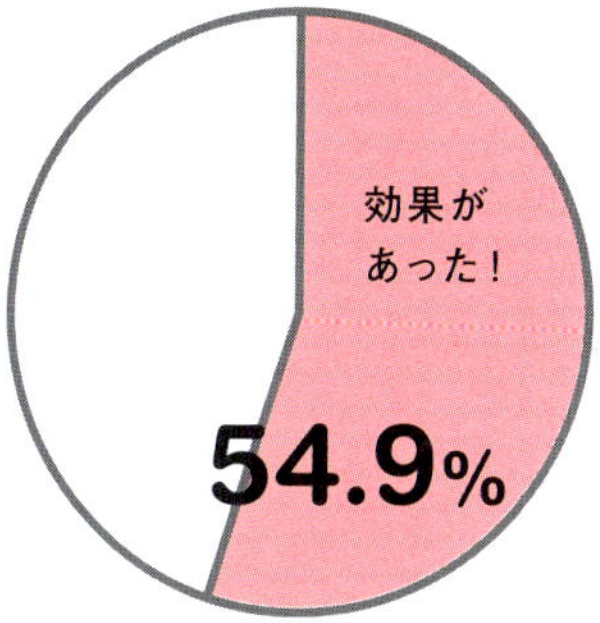


- 「好きなように遊ばせることで想像力が養われたと思います」(38歳／神奈川県)
- 「自分でいろいろな形を作れるようになりました」(34歳／千葉県)
- 「手の感触が大切と聞いて、積極的に遊ばせました」(37歳／東京都)

POINT

**「粘土遊び」を上手に行うためのポイント**

- 小麦粉を使うと遊びやすい。
- まずは「ちぎる」「丸める」「伸ばす」ことを教える。
- できるようになったら、人や動物などの造形物作りにも挑戦させる。
- うまくできたときにはしっかりとほめてあげる。

## どんな風にやるの？

### ちぎる・丸める・伸ばすが基本 造形物作りにも挑戦させる

ある程度の硬さに練った小麦粉を使って、まずは適当な大きさにちぎったり、丸めたり、伸ばしたりすることを教えます。3歳前後の子どもであれば、教えてあげれば上手にできますが、難しい場合はママがお手本を見せてあげましょう。伸ばす・ちぎる・丸めるという基本の遊びができるようになったら、日常で使っているお箸やすり鉢棒などを使って、小麦粉粘土を切ったり、伸ばしたりする遊びを取り入れても良いでしょう。

粘土への興味も出てきて上手に遊べるようになったら、今度は複数の色をつけた小麦粉粘土を使って、人や動物などの具体的な造形物作りにもチャレンジしてみましょう。

うまくできないときはママも手伝ってあげるなどして、子どもの創造力を存分に引き出してあげることが大切です。

また、上手に作れたときには「すごいね～」「上手にできたね～」と褒めてあげて、達成感や満足感を感じさせてあげましょう。そのうれしさによって、脳内で快感を覚える物質であるドーパミンが分泌されて、「次はもっとうまくやろう！」という意欲が出てきます。

**54.7%** のママが効果を実感!

# 「数遊び」で物の数え方を教える

3歳までに5つまでの数を
数えられるようにしておきましょう

## どんな育児法なの?

### 「数」を数えられることは子どもの世界をさらに広げる

2～3歳の時期には、脳のなかでも特に高度な働きをする「前頭前野」を鍛える遊びを取り入れていきましょう。

その有効な遊びのひとつが、「数遊び」です。「数遊び」とはひとつ、ふたつと「数」を数えたり、物の多い・少ないを判断できるようにする遊びです。

3歳前後には「ひとつ」や「ふたつ」くらいまでの数字は理解できるようになっています。できれば3歳になるまでに「5つ」までは数えられるようにしておきましょう。

この時期は、将来、より高度な知能を受け入れるための基礎を作っておくべき時期で、数の概念を理解して数えられるようになると、物を認知する力がつくことで子どもの世界はさらに広がります。

アンケートでも「計算がかなり得意になり、4歳で引き算や掛け算も自然にできるようになりました」(37歳/神奈川県)や「数字に興味を持ち、数字を覚えるのも早かったと思います」(32歳/千葉県)など、数字への理解や興味が出ることで、その後、算数の勉強に興味を持って、積極的に取り組むようになったという内容のコメントが数多く寄せられています。

※前頭前野… 創造力や推察力、判断力、コミュニケーション能力などを司る脳の領域

同じ形のものをつかうようにします。
最初は3〜5個ぐらいから始めるといいでしょう

## どんな風にやるの？

### 身の回りのものを使って、「数」を「数える」練習を

カラーコップやゴムボールなど、家にあるもので構わないので、同じ形のものを数個用意します。それを子どもに渡し、ママは「これをひとつください」「こっちはふたつほしいなぁ」などと、はっきりと声に出して数を伝えて、手渡しするように促します。

数は3つぐらいから始めると、子どもも理解しやすいと思います。できるようになったら、今度は「いくつほしい？」「これはいくつ？」とママのほうから問いかけて、子どもに「ひとつ」「ふたつ」「みっつ」と数を言わせるように促しましょう。

うまくできないようであれば、初めは「これひとつもらうね〜」などと声をかけてから、ママが自分で物をとるようにします。このようなやりとりを何度も見せていくことでコミュニケーションが上手にとれるようになります。

「数」という概念と「数える」という行為を教えるための遊びなので、ママのほうから積極的に「ひとつ」「ふたつ」「みっつ」という単語を聞かせるようにしましょう。このような声かけを繰り返すことによって、子どもも数の数え方をより早く覚えることができるようになります。

POINT

**「数遊び」を上手に行うためのポイント**

- 数遊びで「前頭前野」を鍛えることができる。
- 3歳までに「5つ」までは数えられるようにする。
- 身近なものを使って、「ひとつ」「ふたつ」「みっつ」の言葉を教える。
- おはじきの数の違いを見せて、「多い」「少ない」を理解させる。
- できるようになったら、「6個のものを3人に分ける」など、「割り算」の概念も教える。

## どんな風にやるの？

### 物の「多い」「少ない」を理解して数学的な考え方の基礎を養う

「ひとつ」「ふたつ」「みっつ」などの数を数える言葉を使って、上手に数遊びができるようになったら、今後はどっちが「多い」「少ない」という比較・判断をする遊びも取り入れましょう。

まずふたつのお皿を用意します。片方には3〜4個程度、もう片方には10個程度のおはじきを入れて、子どもに「どっちが多いかな〜？」「どっちが少ないかな？」などと問いかけて、子どもに答えさせるようにうながしましょう。

最初は数の違いを極端にして答えやすくしますが、できるようになったら、ふたつのお皿のなかにあるおはじきの数の差を少なくしていき、子どもが「数えて判断する」ようにしていきましょう。

「このような遊びができるようになったら、その発展として、例えば、6個のおはじきを3人分に分けさせたり、2人分に分けさせたりするなど、『割り算』の学習をさせましょう。また、おはじきではなく、キャンディなど子どもの好きなものを使って、『これ、ママとパパとお兄ちゃんの3人に分けてくれる？』などと言うと、喜んで取り組んでくれます」（All About「早期教育・幼児教育」ガイド／上野緑子さん）

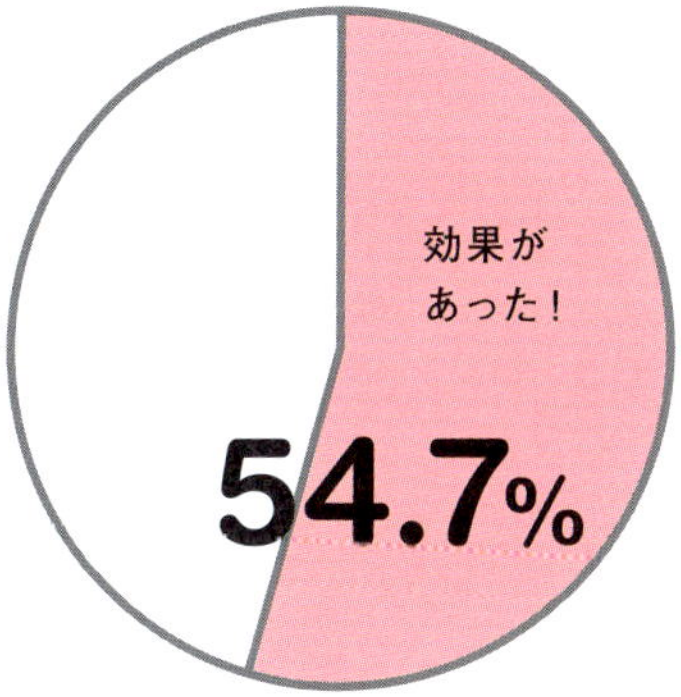


# 「やってよかった！」「試してみる価値あり!!」…「数遊び」の効果を実感した現役ママの声

アンケート調査の結果、全体の約54.7%の方が「効果があった」と実感。数を数えられるようになることで、数字自体や算数が好きになったという内容のコメントが数多く寄せられているのが特徴的です。

「何気なく数字を言葉などにしていたら、今ではいろいろな場面で数字を読んだり数えたりするようになりました」（38歳／神奈川県）

「物の数を数えられるようになりました」（30歳／神奈川県）

「同年代の子供より数えたりするのが得意になったと思います」（31歳／東京都）

「数の概念を理解し始めるきっかけになりました」（27歳／東京都）

「10カ月くらいから行なっていたので、算数が好きになりました」（37歳／埼玉県）

「いつのまにか数字を覚えていました」（25歳／東京都）

「その後、算数が得意になりました」（31歳／千葉県）

「自分から進んで物の数を数えるようになりました」（34歳／千葉県）

「遊びながら1から10まで言えるようになりました」（38歳／千葉県）

「1歳半くらいから次第に数えられるようになり、子ども自身が100まで数えたいと言って、毎日練習していました」（32歳／千葉県）

「数の概念の理解が早かったと思います」（38歳／千葉県）

お役立ち
育児コラム
part.5

# 私の知育体験 ①

## S.Aさん

（東京都／35歳・主婦／夫35歳・長女5歳・長男2歳4カ月）

**どんどん吸収していくので、びっくり。今ではすっかり教育ママです（笑）**

英会話教室に幼いころから通わせるとか、言葉や文字を積極的に覚えさせるとか、子どもの負担になっちゃうじゃないかと思って、昔は知育にまったく関心がなかったんです。お受験も考えていなかったし、元気にすくすくと育ってくれれば、それで良いと思っていましたから。だから長女が 3 歳になるころまでは、とくに何もしていませんでした。

でも、テレビなどで久保田式やヨコミネ式といった脳を育てる知育法が、紹介されるようになってきたじゃないですか。ああいうテレビ番組を見ちゃうとやっぱり焦りを感じるんですよね。「年下なのに、うちの娘ができないことをやってる…」って。段々「本当にこれで良かったのかしら…」って、不安を感じるようになってきました。

そんなときに、知り合いのお母さんに「リトミック教室に行こうと思うんだけど、一緒に行かない?」って誘われたんです。まだ下の子が小さかったし、迷ったんですけど、お友達と一緒だし、体験だけしてみるかと行ってみたんですよ。

そしたら、最初は娘も恥ずかしがって、私の影にすぐ隠れようとしていたんですけど、少し時間が経って慣れてきたら、ものすごく楽しそうに踊るようになったんです。あんまり運動が得意じゃないし、リトミックとか苦手かもしれないなって思ってたんですけどね。完全に思い過ごしでした。帰りには、また行きたいって娘が自分から言い出したんです。自分からあんまりあれやりたいとか、これをやりたいって言わなかった子なんで、驚きました。

子どもの負担になるとか、健康だったらそれで良いとか、結局私が知育に付き合うのが、面倒に感じてただけなんですよね。子どものことよりも、自分のペースを乱されるのがイヤだったんです。

いまでは月曜日は英語、火曜日は読み聞かせ、水曜日はリトミックって具合に日曜日までみっちり予定を立ててますよ。すっかり教育ママですね（笑）。

# ママたちから注目を集める話題の育児法20

本書ではたくさんある知育法の中から、実際に育児を行っているママたちが、
とくに効果があると感じたものを30個、紹介しています。
ですが、アンケート調査をしてみると、
やったことはないけれど、今後ぜひ取り入れてみたいという知育法もいくつかありました。
ここではそんなママたちから大きな注目を集めている話題の知育法をご紹介していきましょう。

- **1位** ピンセットで細かいものをつまむ
- **2位** ヨコミネ式「ヨコミネ式 95 音」で文字の学習をする
- **3位** 「算数ゲーム」で遊びながら「算数脳」を育成する
- **4位** ヨコミネ式「本を自分で読ませて、読んだ本はきちんと記録する」
- **5位** キレない子どもに育てる「セカンドステップ」プログラム
- **6位** 池田由紀江さんが提唱する「手先が器用になる手指の体操」
- **7位** 久保田式「手と指の実践トレーニング」で脳を鍛える
- **8位** 子どもの知能指数をアップさせる「ベビートーク・プログラム」
- **9位** 学力をアップさせる石井式漢字教育
- **10位** 0 歳からの七田式英語バイリンガル教育
- **11位** フィンガーペインティングで色を理解させる
- **12位** ストループテストで脳を鍛える
- **13位** 「ストロー落とし」で集中力を高める
- **14位** しつけのための「ペダゴジカル・ストーリー」
- **15位** 音当てごっこで、音を聞き分ける
- **16位** リトミック
- **17位** 「ひも通し」遊び
- **18位** 色のついたベルで遊ぶ
- **19位** “背もたれを使わずに座る” 訓練をする
- **20位** 歩く筋力と感覚を養うための「足踏み体操」

ママの注目度
**第1位**

# ピンセットを使って細かいものをつまむ

### 効果

手先の器用さ、集中力

### 方法

箸の使い方を練習するときに、しばしば行われる方法と同様ですが、ピンセットで挟める程度の大きさの物を、お皿の上に用意します。それをピンセットでつまみ、ひとつずつ別のお皿に移していくようにうながしていきましょう。最初は少し大きめで、表面がざらざらしているような挟みやすいものを用意します。つかめるようになったらより小さく、少し挟みにくいものに変えていきましょう。ママが一度お手本を見せてから、子どもにやらせると上達も早く、楽しんでやってくれます。

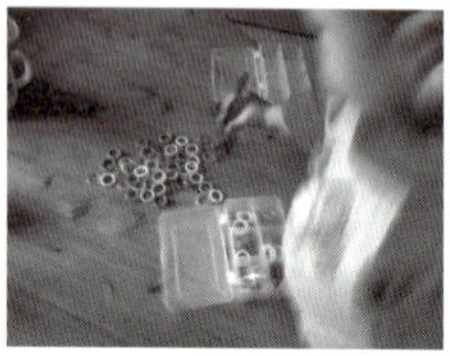

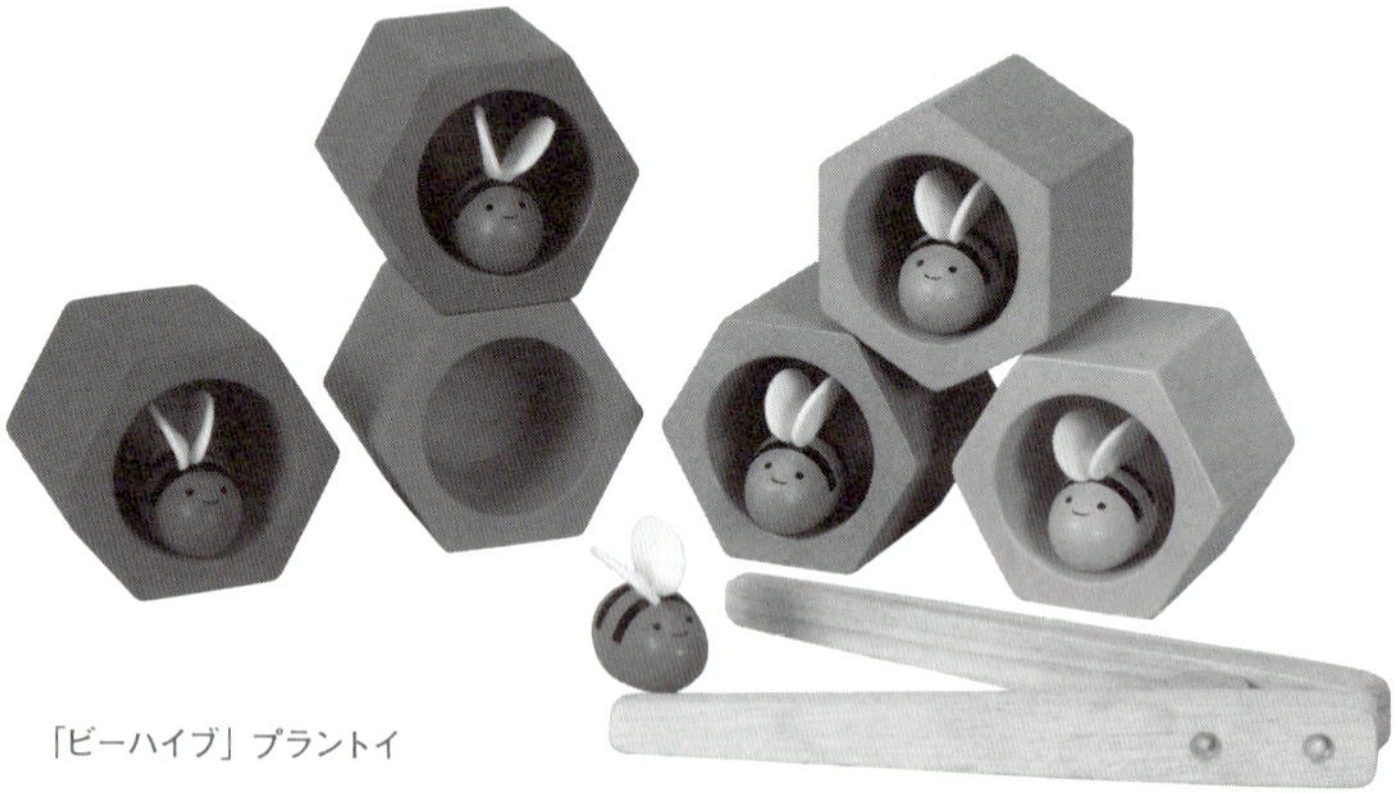

「ビーハイブ」プラントイ

## 指先の力加減を調整する高度な動きで脳が活性化

シールを貼る、ボタンかけなど、指先のトレーニングを目的にした知育法はいくつも考案されていますが、「ピンセットを使って細かいものをつまむ」は少し高度な方法です。つまむ物体がある場所を目で確認し、ピンセットで正確に挟みます。そして、そのまま落とさないよう、力加減を調整しながら、持ち上げます。指先、腕、目など、さまざまな部分を連動させる必要があります。そのため指先の器用さ、集中力が身に付くだけではなく、総合的に脳を鍛えることができると言われています。

シール貼りなどが問題なくできるようになってきてから、挑戦してみましょう。最初はママがお手本を見せてあげると、覚えやすいと思います。市販のピンセットは先が細く、扱いが難しいので、知育トレーニング用に開発されたピンセット玩具を使ってみるのも良いでしょう。

ママの注目度 第2位

# ヨコミネ式「ヨコミネ式95音」で文字の学習をする

**効果**

手先の器用さ、文字の読み書きの習得

**方法**

1番から95番まで順番に、95音の文字が並んだ「ヨコミネ式95音」シートを用意します。関連書籍などを参考にすれば自作もできます。そして、まずは、一字ずつ上からエンピツでなぞる練習からはじめしょう。文字を書くために必要な、指先の力をコントロールする繊細な動きを身につけることができます。それができるようになったら、紙に文字を書き写して行きます。この方法ならすべての子どもが3歳までに、95音をマスターすると言います。

直線なら子どもにも簡単

曲線が子どもに難しい

## ひらがな、カタカナ、漢字から直線的な文字を選んで教える

横峰吉文さんが、提唱する「ヨコミネ式」と呼ばれる学習法があります。読み・書き・計算、音楽、運動に力を入れた独自の教育で、幼稚園を卒園するころには、1500冊もの本を読破する子どももいるとか。そんなヨコミネ式に「ヨコミネ式95音」という学習法があります。文字を子どもに教えるときには、ひらがなからはじめ、カタカナ、漢字と進むのが一般的です。ひらがななら、「あ」から五十音順に教えます。

でも、「ヨコミネ式95音」では、ひらがな、カタカナ、漢字を問わず、直線的で書きやすい文字から順に教えていきます。最初が漢字の「一」、次が「｜」、「十」、「二」…といった具合で、94番目が「あ」、最後が「む」になります。直線なら、幼い子どもでも練習すればすぐ書けるようになると言います。自信をつけさせながら、文字を教えていくのです。

ママの注目度

第3位

# 「算数ゲーム」で遊びながら「算数脳」を育成する

## 効果

集中力アップ、論理的思考、国語力を育む

## 方法

暗記や単純な反復練習ではなく、ゲーム性のある課題に挑戦していきます。そして遊びながら、学んでいくのが花まる学習会流の知育法です。授業では、姿勢、返事、鉛筆の持ち方などもゲームとして伝えていきます。また、テンポよく進む授業によって、集中して学習する習慣が身についていきます。花まる学習会が主催する教室は年中からが対象ですが、興味がある方はホームページなどで調べてみましょう。

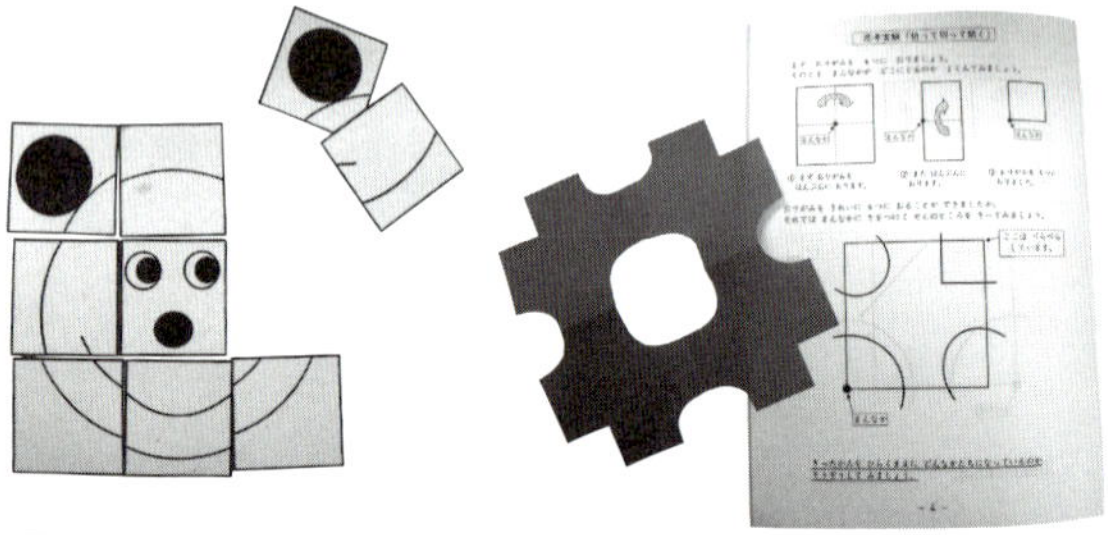

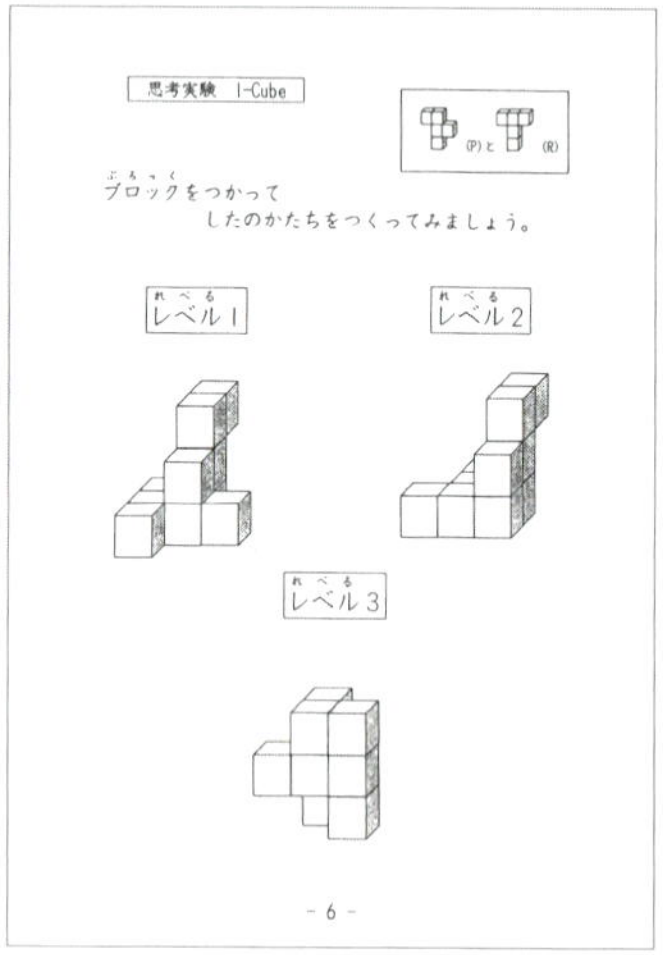


## 「ものそのもの」で遊びながら「算数脳」を育成する

「算数脳」というのは、聞き慣れない言葉かもしれませんが、数理的思考力、読書と作文を中心とした国語力、そして野外体験の3つを通じて、生きる力を育てる「花まる学習会」が提唱する言葉です。

答えを理詰めで導き出す論理的な思考力や、問題のどこにポイントがあるのか把握する要約力といった"詰める力"、そして頭の中で立体を思い浮かべる空間認識力や、見えないものが見える図形のセンスなど"見える力"。この二つの力を効果的に鍛えた脳を「算数脳」と呼んでいます。飽きっぽく、集中力が続きにくい子どもたちのことを考えて、空間図形や平面図形などを題材としながらも、「声を出す」といったといったゲーム性を取り入れた学習法を実践しているのが、「花まる学習会」の特徴です。楽しく遊びながら学べるとあって、ママの注目度も高いようです。

ママの注目度
**第4位**

# ヨコミネ式「本を自分で読ませて、読んだ本はきちんと記録する」

### 効果

学習意欲の向上、読書の習慣化、創造力を鍛える

### 方法

ノートでも何でも構わないので、子どもが一冊を本を読み終わったら、その日付、タイトルなどを記録していきます。子どもが見ているところで記録し、たくさん本を読んでいることをときどきほめてあげましょう。兄弟がいるなら、読んだ本の冊数を比べて競わせるのも良いでしょう。競争心を適度にあおるのも、子どものやる気を起こさせるコツです。読んだ本の数が増えてくると、どんな内容の本に興味を持つのか、好きな本の傾向を知る手がかりにもなります。

## 認められたい・ほめられたい子どものやる気を刺激する

ヨコミネ式で学ぶ子どもたちは、幼稚園を卒園するまでに、平均1500冊もの本を読むそうです。なぜ、そんなにもたくさんの本を読めるのか？ ひとつの試みが、「本を自分で読ませて、読んだ本はきちんと記録すること」です。ヨコミネ式95音の効果（P119参照）もあり、ヨコミネ式の子どもたちは、3歳にもなると、自分で本が読めるようになります。

読書は国語の学習や創造力を養うため、広く奨められていますが、ヨコミネ式では「読書」それ自体に重きを置いているのではなく、子どもたちのやる気を引き出すことにポイントを置いています。子どもは親や大人に認められたい、ほめられたいという気持ちを持っており、それが学習の一番の原動力になります。そこで読んだ本を記録し、その数が少しずつ増えていく様子を見せることで、やる気をうながすのです。

ママの注目度
**第5位**

# キレない子どもに育てる「セカンドステップ」プログラム

## 人との付き合い方や怒りのコントロールの仕方を学ぶ

「セカンドステップ」プログラムは、子どもによる犯罪の増加に苦慮するアメリカで、「子どもが加害者にならないためのプログラム」として開発されたものです。ぬいぐるみやカードを使いながら、子どもたちにある状況におかれた登場人物のそれぞれの気持ちを想像させ、どうすれば問題を解決することができるのか、話し合いをするよう、うながしていきます。

　意見や利害が対立する相手との話し合いを通じて、相手を思いやる気持ちを持たせ、トラブルを解決する力を養っていくわけです。また同時に、相手に抱いた怒りの感情をどのように鎮めて、どう解消していくのか、感情をコントロールする方法も学んでいきます。

　アメリカには、こうした犯罪やトラブルの防止教育を目的にしたプログラムが数多く存在しますが、そんななかでも「もっとも効果的なプログラム」として教育省の表彰を受けているといいます。日本でも近年、トラブルを起こすいわゆる「キレやすい子ども」が問題視されるようになってきています。そのため小学校などで臨時の教育プログラムとして、取り入れるところが増えてきているようです。

　「セカンドステップ」を学んだ子どもは、言動に攻撃性が減り、より良い人間関係が築けるようになったという調査結果があります。「セカンドステップ」を学ばなかった子どもは、反対に成長するにつれて言動に攻撃性が見られるようになり、社会的行動に進歩がみられなくなるそうです。

　アメリカには、未就学児向け、小学生低学年向け、高学年向け、中学生向け、そして保護者向けのプログラムがありますが、日本では主に4歳から8歳前後の子どもを対象にレッスンが行われています。そのため0歳～3歳の子どもが受講することは少ないのですが、今回のアンケートの結果によると、心の教育法のひとつとして、早くから注目しているママも多いようです。

　日本ではNPO法人「日本こどものための委員会」が、「セカンドステップ」プログラムを普及させるための、さまざまな活動を行っています。

### 効果

相手を思いやる気持ちを育む、問題解決力の向上、怒りの感情をコントロール

### 方法

対象とする年齢などによって、レッスンの内容は変わりますが、ぬいぐるみやカードを使って、ある状況におかれた登場人物の気持ちを想像していくことからスタートします。その後、子どもたちに自由に発言をさせ、意見や立場が対立する相手との問題を解決する方法を学んでいきます。すぐに劇的な効果が出てくるものではなく、1週間に1回約30～40分を計28回など、継続して受講するのが、効果的だと考えられています。

ママの注目度
**第6位**

# 池田由紀江さんが提唱する「手先が器用になる手指の体操」

## 成長にあわせ遊びながらできる簡単な指先のトレーニング

保健学博士で、ダウン症の療育にも詳しい池田由紀江さんが考案した「手先が器用になる手指の体操」は、赤ちゃんの発育にあわせ、生後まもなくからでも行える体操です。生まれたばかりの赤ちゃんは、身近にあるものに触れ、握ったりすることで、徐々に手や指の力・動きを身につけていきます。そのまま放っておいても、赤ちゃんの手先は自然と発達していきますが、ママが積極的にサポートすることで、成長をうながし、手先の器用さが着実に身につくようにしていきます。

赤ちゃんのころから指先の運動をさせ、脳に刺激を与える知育法の効果は広く知られていますが、その実践方法はさまざまです。池田由紀江さんが提唱するこの体操は「赤ちゃんの発達にあわせて」行うのが、大きなポイントとなっています。

赤ちゃんは生後まもなくであっても、手のひらに何かが触れると、無意識に握ろうとします。これは「握り反射」といって、生まれながら人間が持っている原始反射と呼ばれる行動です。まだ自分からすすんで運動ができない幼少期であっても、誰もが自然と行うこの原始反射を利用することで、幼い赤ちゃんにも、指先の運動をさせることができるというわけです。

生後2〜3カ月ごろになり、両手が少し動かせるようになったら、赤ちゃんが手を伸ばせばつかめそうな場所におもちゃを置いてあげます。触って遊びたい、といった気持ちを引き出しながら、自然と手を動かすようにサポートしていくのです。

さらに大きくなり、ひとりで座れるようになったら、今度は赤ちゃんが持っているおもちゃを右手から左手、左手から右手へと持ち替えさせたり、ママと引っ張りあいっこをして、手の力を鍛えていきます。

「手先が器用になる手指の体操」は、遊びながらできるので、赤ちゃんとのコミュニケーションにもなります。またとくに難しい動作を必要としないので、ママからの人気も高いようです。「ぜひ取り入れてみたい」「すでにやっている」というママの声が多数寄せられています。

### 効果

脳の発達をうながす、器用さがアップする、情緒が安定する

### 方法

首が座る前の“ねんね”の時期は、握り反射を利用して、おもちゃを持たせます。その後、ずり這いなど自分で腕を使って移動できるようになってきたら、顔にかけたガーゼを手ではずさせたり、手の届きそうなところにおもちゃを置いて、腕を動かすよう、うながしたりします。ひとりで座れるようになったら、両手をバランス良く鍛えるために、右手から左手、左手から右手へのおもちゃの持ち替えや、引っ張り合いのトレーニングをしていきましょう。

ママの注目度
第7位

# 久保田式「手と指の実践トレーニング」で脳を鍛える

### 効果

脳の発達をうながす、器用さがアップする

### 方法

赤ちゃんの月齢や発育状況、さらに行うトレーニングによって方法は異なりますが、例えば新生児のころであれば、手に触れたものをつかむように握る反射を利用して、おもちゃや指などを握ることで指先を効果的に動かすよう、うながしていきます。ただし、赤ちゃんの手を取って、無理矢理、握ったり、広げたりしてトレーニングを行うのではなく、スキンシップをかねて、やさしく握るよう、うながしていきましょう。

## 日常の運動のなかで手と指を効果的にトレーニング

脳科学者の久保田競さんと、カヨ子夫人が提唱する久保田メソードと呼ばれる脳科学を取り入れた知育法があります。久保田メソードには脳を育てることを目的にしたさまざまな知育トレーニングがあるのですが、手や指を使うときに、必ず脳が働いていることに着目し、日常生活のなかで、手と指を効果的に動かそうというのが、この「手と指の実践トレーニング」です。手と指を道具として上手く使えるようになれば、脳が刺激され、頭の良い子どもに育てることができると考えられています。

　また、特別な道具やおもちゃなどを使わず、身の回りにあるものや、日常生活を送りながら、トレーニングをしていくのが、特徴です。

　例えば、ビニールのひもを指にかけて、ママと赤ちゃんで軽くひっぱりあったりすることで、指の動き、筋力を鍛える方法が紹介されています。そのほか赤ちゃんの指をピアノに見立てて、ママが軽く力を加えることで筋力を育む体操や、お風呂のなかでお湯を入れた風呂桶を使って行うトレーニングなどもあります。

　新生児のころは、指や棒を握らせることが中心ですが、月齢があがっていくに従って、つまんだり、はじいたり、ひっぱったりと、複雑な運動をさせていきます。

　手を上手に動かすことで、できた脳内の神経回路網は、他の運動を学習するときにも働き、学習を助けると考えられています。体の成長とともに、脳も発達していきます。その成長段階に手の動かし方を学んでいくと、より神経回路が働くようになり、脳も発達すると言います。

　そのため久保田メソードでは、とくに手や指先を使ったトレーニングを重視しています。

　久保田メソードは、そのユニークなトレーニング法と、高い効果があるとテレビなどでも大きく取り上げられたことから、ママからの注目度も非常に高くなっています。そのため実際に取り入れているという意見や、今後ぜひチャレンジしてみたいといったコメントも数多く寄せられています。

ママの注目度

第8位

# 子どもの知能指数をアップさせる「ベビートーク・プログラム」

## 効果

言語力がアップ、感受性が豊かに、親子関係が良好に

## 方法

テレビやラジオ、音楽などが流れていない、できるだけ静かな環境のなかで、赤ちゃんに1日30分間、語りかけをします。生後3カ月にもなると、赤ちゃんがさまざまな音を出すようになるので、今度はその音をまねしましょう。さらに大きくなり会話ができるようになったら、子どもが話したことに少しずつ言葉を付け足してみましょう。例えば「ママは買い物?」と子どもが言ったら、「そう、ママは買い物に行ったの。野菜を買ってきたのよ」といった具合に行います。

## 1日30分、子どもに語りかけるだけでみるみる子どもが変わっていく

言葉や意志の疎通が遅れ気味の子どもを持つ親への教育プログラムを、研究・開発していたイギリスの言語療法士サリー・ウォードという方がいます。彼女がその研究の成果として、子どもに早く言葉を覚えさせたい親なら誰でも使える、新しい手法を編み出しました。それが「ベビートーク・プログラム」と呼ばれる「語りかけ育児」です。

「ベイビートーク・プログラム」の最大の特徴は、毎日30分間だけ、ママと赤ちゃんが1対1で向き合う時間を設けることです。静かな環境のなかで、ママと赤ちゃんがゆっくりと会話をし、赤ちゃんがやりたいと思う好きな遊びを一緒にやってあげるのです。その時間だけは家事のことなどはすべて忘れて、赤ちゃんと向き合います。こうすることで、子どもの才能を最大限引き出し、コミュニケーション能力を育てることができるといわれています。

また、親子で30分という時間を集中して過ごすことで、赤ちゃんが安心感を感じて、親子の関係が良好になるそうです。さらに親子の信頼関係を築くきっかけになるため、思春期になって起こりがちな問題を未然に防ぐことができるという指摘もあります。

イギリスでは、子どもの心と知能の発達に効果があると認められており、推奨されているといいます。

毎日、30分一緒に過ごすというルール以外には、「赤ちゃんにダメという言葉は絶対に使わない。危ないことをしていると感じたら抱きかかえて、危険を回避する」や、「テレビは見せても1日30分程度」「『あれ』『これ』といった指示語は使って話さず、赤ちゃんには必ずその物の名前で言うこと」といった決まりがあります。

「1日30分」という短い時間を設けて、その時間は集中して語りかけるといった特徴から、アンケート調査の結果を見ても、共働きで忙しいママなどから、大きな注目を集めています。

ママの注目度
**第9位**

# 学力をアップさせる石井式漢字教育

## 幼児期から漢字を教えて言語力・考える力を身につける

教育学博士である石井勲さんが、40年以上にわたる教育実践から生みだした学習法「石井式漢字教育」は、幼児期から漢字学習を行うユニークな方針で知られています。

通常、文字を子どもに教える場合、ひらがなから教えていくと思います。漢字の学習は小学校に入学してからです。しかし、石井式漢字教育では、漢字のほうがむしろひらがなよりも覚えやすいと考えられています。

なぜなら、漢字は一見すると画数も多く複雑な形をしていますが、その分、ひらがなやカタカナよりも、ひとつひとつの見た目は大きく異なり、かえって漢字のほうが識別することができるというのです。そのため、実は覚えやすいのだと、石井式漢字教育では考えられています。また、漢字というのは、見た目から文字に発展していった象形文字からできあがってきたものも多く、意味や表す内容をかたどって描かれています。つまり目で理解する言葉なのです。そのため、まだひらがなを知らない幼児であっても、絵やマークを覚えるかのように、漢字も見た目から学んでいくことが可能だと石井式漢字教育では、考えられています。

具体的には、どのように漢字を幼児に教え込んでいくのでしょうか？　大切なポイントは、繰り返し勉強させ、学習を習慣化させることだと言います。幼児にとっての学習とは、すべてママやパパなど他人の行為をマネるところから、スタートします。そのため、繰り返し繰り返し何度もマネをさせることで、覚えるのが難しいのではと感じられる漢字学習であっても、子どもは飽きることなく学んでいくそうです。

また、すべての学習の基礎は、言語にあると言われています。私たちが何かを考えるときには、必ず言葉を使って考えをまとめていきます。そして、数字や数式を使う算数や数学でも設問の多くは言葉でかかれています。そのため石井式漢字教育を通じて早くから国語力を磨いた子どもの学力は圧倒的に高いそうです。漢字や文字が幼児期から理解できるため、たくさん本を読むようになり、文章を読みとる力が育われていくからかもしれません。

### 効果

言葉を早く覚える、集中力アップ、考える力が身につく、学力アップ

### 方法

石井式漢字教育では、幼児にまず漢字の読み方を教えます。そして、漢字を絵をして覚えるようになったら、今度は漢字を書かせていきます。先に読み方を教えると、頭のなかで形を思い浮かべることができるため、短期間でキレイな字がかけるようになるといいます。また読み書きに加え、読む力の育成にも力を入れています。読む力を付けることで理解力や文章力が自然と向上していくそうです。

ママの注目度

**第10位**

# 0歳からの七田式英語バイリンガル教育

### 効果

右脳と左脳がバランス良く発達する、英語が身につく

### 方法

英語に限らず、語学を身につけるために必要なことは、できるだけ早期にはじめることだと言われています。しかも、できるだけ高速・大量に単語・文章を脳に入力することが、大切だと考えられています。そこで、ヒアリング・スピーキング・リーディング・ライティングなどを通して、英語の情報を右脳に高速・大量に浴びせていきます。同時に論理的思考をする左脳とむすびつけることで、七田式英語バイリンガル教育では英語を定着させていきます。

## 高速・大量の英単語、英文を聴かせバイリンガルに

七田眞さんの子育て教育法「七田式教育」では、右脳と左脳をバランス良く発達されることを目的にしています。そんな七田式教育を英語学習に応用したのが、「七田式英語バイリンガル教育」です。日本人は英語が苦手。それはリスニングやスピーキングよりも文法や読み書きを中心に進めているからだといわれます。

英語が聞き取れるようになるには「耳」を鍛えることが大切です。しかし、英語の周波数を聞き取る能力は年齢があがるに従って、失われていきます。「七田式英語バイリンガル教育」では、幼いころから、英語が学ぶことを推奨しています。そして、できるだけ高速・大量の英単語・英文を脳に入力することが第一だと考えています。ヒアリング・スピーキング・リーディング・ライティングの4つを柱に、右脳と左脳でバランス良く学ぶのが七田式英語バイリンガル教育です。

ママの注目度
**第11位**

# フィンガーペイントで色を理解させる

### 効果

指先の運動、色彩感覚が豊かに、色の違いを覚える

### 方法

絵の具と大きめの紙を用意します。絵の具は水性絵の具を使います。あるいは、肌への刺激が弱いフィンガーペイント用の絵の具も市販されていますので、そちらを使っても構いません。まず、できるだけたくさんの色の絵の具を出して、指先につけさせます。一本の指ではなく、たくさんの指に絵の具をつけるよう、うながしましょう。また絵を描くときも、いろんな指を使って描くよう、サポートしてあげましょう。

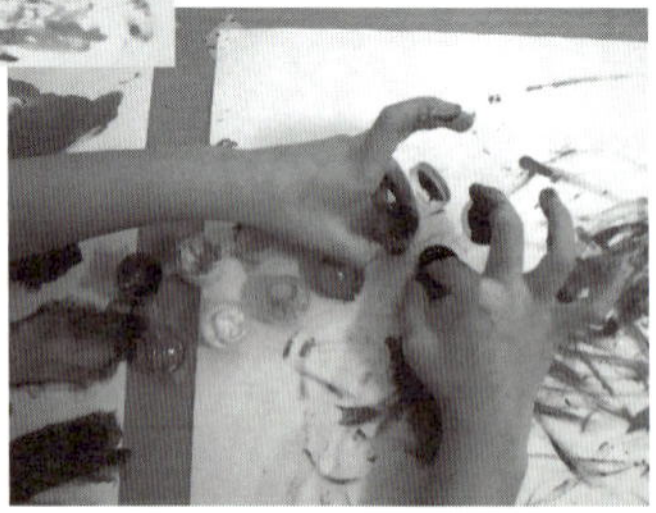

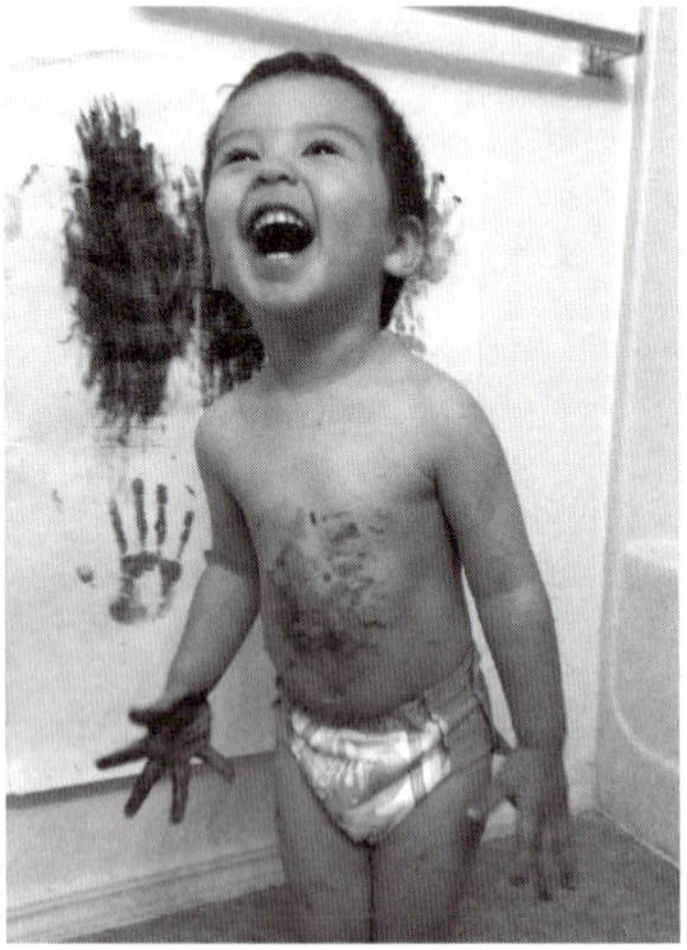

## 指先に刺激を与えながら、色の細かい変化を体感させる

色えんぴつやクレヨンも良いですが、色について学ぶなら、絵の具のほうが効果的です。色を混ぜ合わせたり、微妙な色合い・濃淡を作り出すことができ、多彩な色に触れられるからです。しかも指に絵の具を付け、絵を描くようにすれば、脳への刺激にもなり、とても効果的です。それがいわゆるフィンガーペイントです。絵の具を指先につけ、自由に絵を描かせます。絵の具を一本の指に付けるのではなく、なるべくたくさんの指に、違う色を付けると、遊んでいるうちに自然と色が混ざってくるので、より効果的です。

後片付けが面倒なので、フィンガーペイントに抵抗を持つママも多いのですが、肌や服に絵の具がついても、石けんで簡単に洗い流せるの専用の絵の具などもあります。絵の具を口に入れないか心配なママは、小麦粉や食紅に利用した絵の具を自作しても良いでしょう。

ママの注目度
**第12位**

# ストループテストで脳を鍛える

### 効果

脳を鍛える、色の認識ができているか確認できる

### 方法

色紙あるいは紙に色をぬるなどして、赤・青・黄色をした「○△□」のカードを作ります。そのカードを子どもの前に並べ、問いかけをしてみましょう。「赤いのを取ってきてちょうだい」「○を取ってちょうだい」「赤い○を取ってちょうだい」といった具合に、指定する色や形を変えながら問いかけることで、脳を鍛えます。最初は色と形が混在しているため、戸惑うかもしれませんが、徐々に慣れてくると思います。

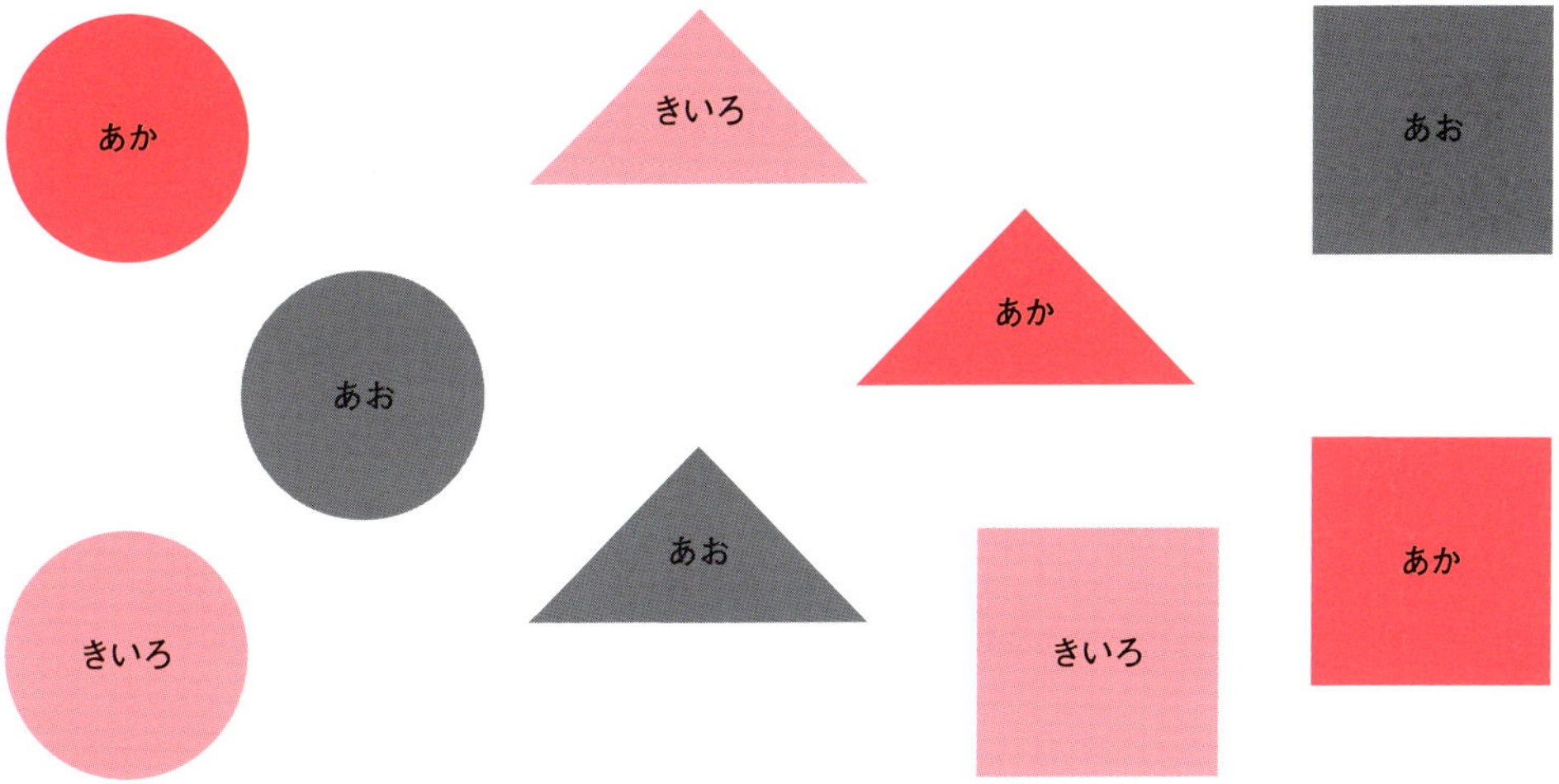


## 色や形を素早く判断することで前頭前野や運動野を鍛える

赤色の文字で〝あおい〟と書いてある、あるいは青色の文字で〝あかい〟と書いてあるなど、〝文字の色〟と文字の意味する色が違う文字を見せて、文字の色を答える「ストループテスト」というものがあります。文字の色と、文字で書いてある色が違うため、脳が一瞬混乱するのです。このストループテストを応用し、脳を鍛える知育法があります。

文字が読めないと意味がないため、文字を形で代用します。例えば、赤・青・黄色の「○△□」を用意して、子どもに「赤いのを取って」あるいは「○を取って」「赤い○を取って」など問いかけをします。最初は色と形が混在しているため、戸惑ってしまいますが、次第に問いかけられた色や形を素早く取ることができるようになります。このような訓練をすることで、前頭前野や運動野などを鍛えることができると言われています。

ママの注目度

第13位

# 「ストロー落とし」で集中力を高める

### 効果

指先の運動、集中力アップ

### 方法

使わなくなった、プラスチックのタッパーなど、ふたのある箱をひとつ用意します。そのフタにストローが入る程度の大きさの穴を開けます。そして、赤ちゃんにストローを渡し、その穴にストローを落としていくよう、うながしましょう。もし、赤ちゃんが遊び方がわからずに戸惑っているようなら、一度ママがお手本を見せてあげましょう。透明な容器を使うと、落ちたストローが外から見えるので、赤ちゃんも興味を示して、喜んで遊んでくれると思います。

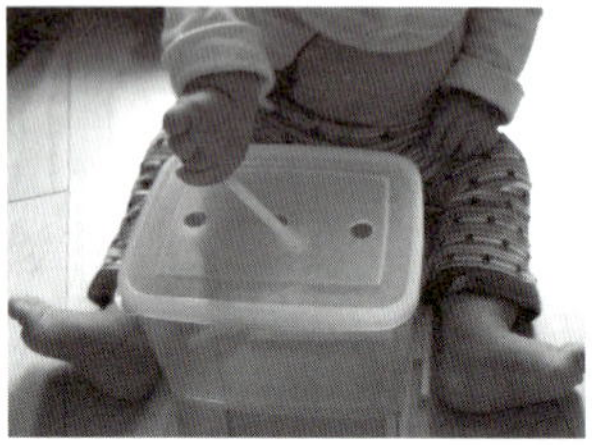

## 目と手を正確に連動させて、穴にストローを落としていく

脳を育む指先のトレーニングのひとつとして、人気の「ストロー落とし」。まずフタのあるプラスチックの容器を用意します。そして、フタにストローが通る程度の大きさの穴を開けておきます。その穴にストローを落としていく遊びが、「ストロー落とし」です。

大人なら簡単にできることですが、穴の位置を確認し、そこにめがけてストローを運ぶという動作は、目と手をしっかりと連動させて行う必要があります。穴が小さいため集中力も必要です。まだ手や指先を自分の思い通りに動かすことができない赤ちゃんには、良いトレーニングになり、脳の発達をうながす効果があると言われています。ストローの長さを変えたり、ストローの色を変えてみるなど、バリエーションをつけて行うと良いでしょう。ストローやタッパーなど身近にある材料ではじめられる点も人気の理由です。

ママの注目度
第14位

# しつけのための「ペダゴジカル・ストーリー」

## 子どもに気づきを与え、反省をうながす魔法のストーリー

「おもちゃを買ってほしい！」とダダをこねたとき、「ごはんを食べるのはイヤだ」と言って食事を食べようとしないとき、お昼寝をしてほしいのに「寝たくない！」と頑なに拒んだときなど、子どもが言うことを聞かなかったら、あなたはどう対処していますか？「ダメ！」「いけません！」などと叱ることで言い聞かせることもあると思います。

そんなとき、ただ頭ごなしに怒鳴ったり、諭すのではなく、ママが望む態度や行動を物語に込めて伝えることで、正しい行動をするように子どもをしつける方法があります。それがこの「しつけのためのペダゴジカル・ストーリー（魔法のおはなし）」と呼ばれる方法です。

ペダゴジカル・ストーリーというのは、子どもが心の奥から、「確かにママが言うとおりかもしれない。もっとちゃんとしなくちゃいけないな」「これはやってはいけないこと。こんなことをするのはもうやめよう…」などと思える教訓になるようなお話のことです。

ケンカばかりしている兄弟がいたとします。そんなときは例えば、こんな話を聞かせます。

「あるところにケンカばかりしている兄弟がいました。その一部始終を空の上から見ていた人がいます。神様です。神様はケンカばかりしている兄弟を見かねて、兄を世界の北の端、弟を南の端に、それぞれの住まいを移してしまいました。ケンカはなくなったのですが、以来、兄弟は二度と会うことがなくなってしまったのです」

怒鳴って脅すのでもなく、諭すわけでもない。あくまで子どもたちが自分自身の意志で「自分が悪かったな…」「もうそんなことをするのは止めよう」などと、考えるように、導いていきます。

言うことを聞いてくれないと、ついついイライラとしてしまいがちです。でも、怒鳴っても、なぜ怒られたのか、理由がわからないと、すぐに同じ間違いを犯すでしょう。しつけに悩みを抱えているママなどは一度、試してみてはいかがでしょう？

### 効果

何をしたらママが悲しむのか、自分で考えるようになる。創造力を鍛える

### 方法

あらかじめいくつかのペダゴジカル・ストーリーを考えて用意しておきましょう。ためになった絵本のストーリーなどを覚えておき、それを聞かせても良いでしょう。そして、子どもが何か問題を起こしたら、それにあったペダゴジカル・ストーリーを聞かせましょう。直接、こうしてほしいという必要はありません。ストーリーをただ聞かせてあげるだけで良いです。

ママの注目度

第15位

# 音当てごっこで、音を聞き分ける

### 効果

音を意識的に聞き分けられるようになる、集中力が高まる

### 方法

太鼓や鈴、ラッパ、ベルなど音が鳴るおもちゃを用意します。そして、赤ちゃんから見えない場所で、その音を鳴らします。「これは何の音？ わかるかな？」と問いかけるなどして、何の音だったのか、当てさせましょう。もし家に音が鳴るおもちゃがなければ、ママが犬やねこなど、動物の声マネをして、当てさせてみるのも良いでしょう。

木のおもちゃ ウッディモンキー

## どこで、どんな音が鳴っている？いろんな音を聞き分ける

人はたくさんの音の中から、特定の音だけを選んで、聞くことができます。その能力を高め、脳へ刺激を与える遊びとして、音当てごっこがあります。太鼓や鈴、ラッパなど音が鳴るおもちゃを用意し、赤ちゃんから見えない場所で、音を鳴らします。そして、何の音だったのか、赤ちゃんに当てさせるのです。音を鳴らす前に、「これは何の音？ わかるかな？」などと問いかけをしっかりすると、集中して聞いてくれるようになります。

また音が鳴るおもちゃを赤ちゃんから見えない場所に隠して、「どこで鳴ってるのかな〜？」と、赤ちゃんと一緒に探す遊びも効果的です。どんな音が、どれくらい離れた場所で鳴っているのか、赤ちゃんは自分で判断しようとします。音が出る「ベビーキューブ」という積み木のおもちゃもあるので、それを使って遊ぶのも良いでしょう。

ママの注目度
**第16位**

# リトミック

### 効果

音楽の基礎的要素が身につく、リズム感が良くなる、集中力がアップする

### 方法

1歳のころは、人のモノマネをすることで成長すると言われます。そして、リズム感がよくなると、吸収力がさらによくなると考えられています。そのため、まずはママと一緒に音楽に反応させながら、遊ばせます。慣れてきたら、手や指の運動を加えていきましょう。また身体を動かすと同時に数の数えたり、形をあわせるといったトレーニングを組み合わせて行うとより効果的です。

## 音楽の基礎能力をアップさせ集中力を鍛える

リトミックは、スイスの音楽家・作曲家であるエミール・ジャック＝ダルクローズが約100年も前に、児童心理学・大脳生理学の観点から確立した教育指導法です。

音楽にあわせて身体を動かすダンスやスポーツのようなものと思われているかもしれませんが、音楽の基礎的な能力を高めるだけではなく、人格を形成する基礎の段階である幼児の集中力や、そのエネルギーを引き出すことを目的にしています。

したがってリトミックは指導理論が確立されており、音楽のリズムにあわせて行う〝音楽遊び〟も、そのひとつひとつに、すべて理論の裏づけがあると言われています。遊ばせ方にも正しい知識と技術が必要なため、より効果を期待するなら、訓練を受けた専門の講師が指導する教室で受講することが大切です。

ママの注目度
**第17位**

# 「ひも通し」遊び

### 効果

集中力がアップ、脳を刺激、指先が器用に

### 方法

穴の空いているおもちゃと、ひもを一本用意します。まずはママがお手本を見せて、穴にひもを通して遊ぶということを、赤ちゃんに教えてあげましょう。ママが遊んでいる様子を見て、赤ちゃんもマネをはじめます。うまく穴にひもを通すことができたら、大げさにほめてあげましょう。上手にできるようになってきたら、少しずつ穴が小さいものに変えてチャレンジすると、より効果的に脳を鍛えることができます。

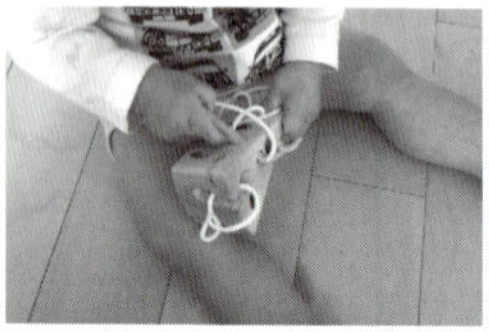

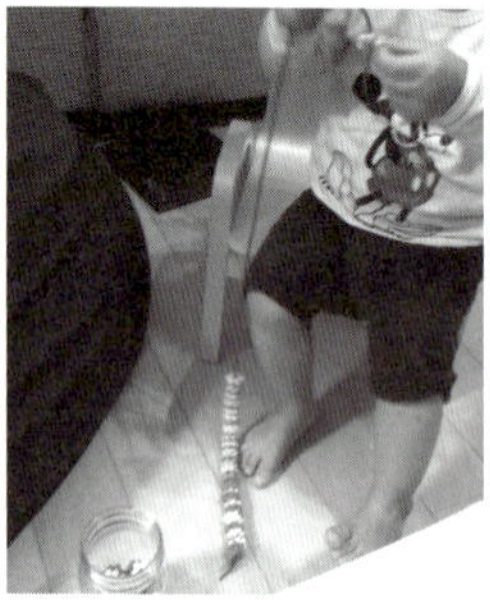

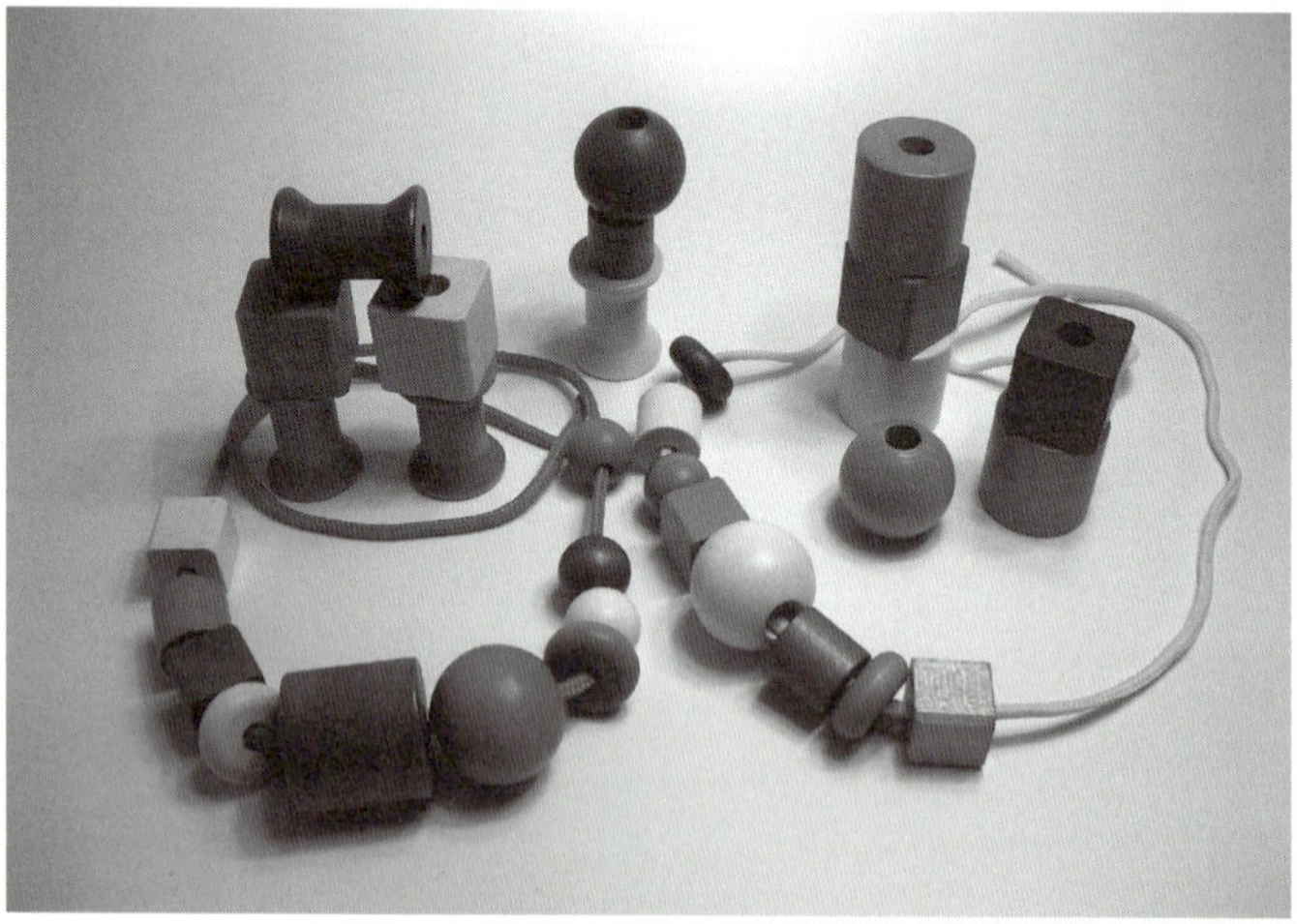

木のおもちゃ ウッディモンキー

## 指先と脳をフル回転。ひもに穴を通して脳を刺激する

まだ手や指先が十分に発達していない赤ちゃんに、「ひも通し遊び」をやらせることは非常に効果的です。「ストロー遊び」（P130）などと同様に、小さな穴にひもを通すためには、目で穴の位置を把握し、その位置に指や手を正確に動かす必要があります。遊びながら、そのトレーニングをすることで、指先が上手に使えるようになり、脳への刺激にもなります。

最初はなかなか穴にひもが通らないので、大きな穴で試したり、見本を示してあげると良いでしょう。できるようになったら、どんどん小さな穴に挑戦しましょう。うまくできた喜びを感じると、赤ちゃんは夢中で遊ぶようになります。

ひも通し用のおもちゃもありますし、ひもや紙などを使って、道具を自作するのも簡単です。そんな手軽に挑戦できるという点も、ママから注目を集めている理由のひとつです。

ママの注目度
第18位

# 色のついたベルで遊ぶ

**赤ちゃんに語りかけながら、ベルを鳴らして、脳に刺激を。**

ガラガラや太鼓、ハンドベルなど、音が鳴る赤ちゃん向けのおもちゃは、たくさん出回っています。それは赤ちゃんが音に敏感に反応して、音の鳴るおもちゃにとても興味を示すからです。こうした赤ちゃんの音への反応を利用したさまざまな知育法が考案されています。

五感のなかでも聴覚はママのお腹にいるときから、音の聞きわけができるほどに発達すると言われています。

もちろんママの身体を通して音が聞こえてくるお腹のなかと、空気を通して音が聞こえてくる外の世界では、音の伝わり方・聞こえ方が違います。そのため生まれたあとに、あらためて脳の神経回路を微調整し、音を理解し直していく必要がありますが、聴覚は比較的早く発達する器官のひとつだと言えます。

そんな聴覚を使って、効果的に色を覚えさせるために考案された遊びが「色のついたベルで遊ぶ」という方法です。

赤、青、黄色など、カラフルな色のついたハンドベルのおもちゃが市販されていますが、これを使って「○○ちゃん、赤いベルよ～」などと声かけをしながら、ハンドベルの色を口にして、ベルを鳴らします。同様に別の色のベルでも、色を口にしながら、ベルを鳴らしていきましょう。

色を識別して、覚えさせたいときには、ただその色を指さして、覚えさせるよりも、この方法だと一度音を鳴らすことで赤ちゃんの注意を喚起させることができます。視覚と聴覚の両方を活用することで、色の認識がより進むと考えられています。この方法は、思いついたときにやるのではなく、毎日少しの時間でも構わないので、続けることがポイントだと言われています。

ママたちからも「ハンドベルのおもちゃなら、うちにもあるし、これなら手軽にできそう。一度、私もやってみたい」「最初は私が何を教えたいのか、よくわからなかったみたいなんですけど、続けるうちに興味を示してくれるようになりました」といったコメントが寄せられるなど、高い注目を集めているようです。

### 効果

音がより正確に聞き分けられるように、色の認識が進む

### 方法

赤、青、黄色など、カラフルな色のついたハンドベルのおもちゃを用意します。そして、「○○ちゃん、赤いベルよ～」などと赤ちゃんに声かけしながら、ベルを鳴らしてみましょう。音に反応して、赤ちゃんも興味を示してくれると思います。赤ちゃんがこちらに注意を向けたら、あらためて色を強調するように、ベルを指さして、もう一度、「赤いベルよ」と言ってあげましょう。これを鳴らすベルの色を変えるなどしながら、繰り返していきます。

ママの注目度
**第19位**

# “背もたれを使わずに座る”訓練をする

## 身体のバランスを自分で取ることで腹筋や背筋など、体幹筋力を鍛える

ここ数年、運動不足による子どもたちの体力の低下が叫ばれていますが、幼稚園などでも、「まっすぐ立っていられない」「イスにじっと座っていることができない」といった子どもが増えていると言われています。これは体幹筋力、とくに背筋力が弱くなっているからだと指摘する声があります。では、どのような方法を行えば、赤ちゃんや子どものうちから背筋力を鍛えていくことができるのでしょうか？

もし、ハイハイができる月齢であれば、できるだけたくさんハイハイさせるのも、ひとつの方法だと考えられています。ハイハイをするときには、両手で身体全体を支えますが、このとき同時に腹筋や背筋が鍛えられるからです。

また、「できるだけ背もたれのないイスに座らせる」ことで体幹筋力を鍛える方法も効果的です。ひとりでイスに座れるようになった赤ちゃんでも、まだ身体が不安定なので、何かの拍子に後ろに倒れてしまうことがあります。そのため背もたれのあるイスに座らせようとするママがほとんどだと思います。

もちろん食事のときなどは背もたれが欠かせないのですが、常に背もたれに寄りかかってしまうと、姿勢を保つための腹筋、背筋が鍛えられません。背もたれがあるイスに座らせるときも、ときどきは少し浅めに腰掛けさせて、体幹筋力が鍛えられるようにしましょう。自分でバランスを取ろうとすることで、生活のなかで自然と体幹筋力を鍛えることができます。

ただし、赤ちゃんがそのまま後ろに倒れてしまうと危険もありますので、背もたれがないイスを使う場合や、まだバランスが上手く取れず不安定なときには、ママがしっかり注意して、赤ちゃんをサポートしてあげることが大切です。

幼稚園や小学校に通うようになると、イスに座る時間も長くなってきます。そのため体幹筋力が弱いと集中力が続かず、学力の低下にもつながっていく可能性があるので、早いうちから意識して体幹筋力を鍛えることは大切です。

### 効果

集中力が持続するようになる、姿勢が良くなる、運動神経が発達する

### 方法

床にひとりで座れるようになったら、背もたれがないイスに一度、座らせてみましょう。体幹筋力が十分ではない赤ちゃんの場合には、そのまま後ろに倒れてケガをする危険もあるので、必ずママが後ろで支えてあげるようにしましょう。背もたれがあるイスに座らせる場合も、赤ちゃんが背もたれに寄りかかり過ぎないようにしてあげるのも効果的です。

ママの注目度

**第20位**

# 歩く筋力と感覚を養うための「足踏み体操」

**効果**

運動神経の向上、姿勢の改善

**方法**

まず赤ちゃんをテーブルや手すりに活用して、つかまり立ちさせます。そして、赤ちゃんの足の甲を手で軽く押さえつけます。このとき、地面に足の裏が全部つくようにします。赤ちゃんの足の裏が全部、床についたのを確認したら、手を離してあげます。押さえつけていた手がなくなると、赤ちゃんは足を持ち上げようとします。足の親指の付け根でしっかりと床を捉えているか確認しましょう。このような運動を繰り返すことで、正しい歩き方が身につきます。

## 足を押さえつけることで、足の裏の感覚を養う

　つかまり立ちができるようになったら、取り入れてみたい運動が「足踏み体操」です。生後10カ月～1歳ぐらいになると、赤ちゃんはハイハイからつかまり立ちをするようになります。放っておいても、見よう見まねで、自然と歩けるようになっていくのですが、正しい歩き方を教えることが脳の発育には効果的だと考えられています。

　正しくまっすぐ歩けるようになるには、足の裏がしっかりと地面につくように訓練することが必要です。赤ちゃんは誰かから、正しい歩き方を教えてもらうわけではありません。見よう見まねで自然と歩くようになります。自分が歩きやすい歩き方、自己流になってしまいがちなのです。すると、正しい体重移動ができていない、間違った歩き方を覚えてしまう可能性があります。

　体重移動ができていない間違った歩き方をしていると、姿勢が悪くなってしまったり、バランス感覚まで悪くなっていきます。そこで歩きはじめの段階で、「足踏み体操」を行うことで、正しい足の裏の感覚を身につけさせることは、とても大切だと考えられているのです。

　その方法は、まず赤ちゃんをテーブルや手すりに活用して、つかまり立ちさせます。そして、赤ちゃんの足の甲を手で軽く押さえつけます。甲を押さえつけられると、赤ちゃんは足をあげることができなくなってしまいます。このとき、地面に足の裏が全部つくようにします。

　赤ちゃんの足の裏が全部、床についたのを確認したら、手を離してあげます。押さえつけていた手がなくなると、赤ちゃんは足を持ち上げようとします。このとき、足の親指の付け根あたりがしっかりと床を捉えていることが重要です。ちゃんとできているのか、観察するようにしましょう。このような体操をすることで、正しい歩き方が身につきます。

　ママたちからは、「走るのが早くなったりと、運動神経がよくなった気がします」「うちの子どもの歩き方がおかしいのは、足踏み体操をしなかったからかもしれません…」というコメントが寄せられています。

お役立ち
育児コラム
part.6

# 私の知育体験 ②

## K.Kさん

（埼玉県／30歳・主婦／夫32歳・長男4歳・次男3歳）

**うちの子、私よりも優秀な大人になりますよ。いまから成長が楽しみでなりません。**

私は大学にも行かなかったし、子どもに英語とかを習わせてもどうせ私に似て、すぐに飽きるんだろうなって思ってました。蛙の子は蛙っていうんですかね。だから、子どもができる前は、自分は知育とかやらないだろうなって思っていたんです。でも、ちょうど妊娠したころに、テレビで「才能は誰にでもある。それを伸ばすか、伸ばさないだけ」って有名な人が言っていたんです。その言葉に感銘を受けちゃって…。

すぐにいろんな知育に関する本を買ってきて、やってみました。まだお腹にいるころから、胎教としてクラシックを家で聴いたり、お腹をさすって語りかけもしました。

産まれてきてからも、指先トレーニングをやったり、ベビーマッサージに通ったり、毎日大忙しでした。長男も 2 歳のころから英会話教室に通ってます。もう 2 年近く通っているけっこうしゃべれるようになってきましたよ。ときどき私でもわからない英単語とか言われて、戸惑うこともあるくらいです。

でも、幼いころから脳を鍛えたり、英語を学ばせるのって、単なる勉強とは違いますね。本人もそれが自然なことだと思うみたいで、自分から英語の絵本を読もうとしたり、字を覚えようとしてくれます。お友達と一緒に学ぶので、集団性も身につくし、マナーというか、しつけにもなりますよ。性格も穏やかな子に育ったと思います。うちは男兄弟だから、ケンカになることもあるんですけど、たたき合ったりすることはほとんどありません。二人ともかなり聞き分けが良い子だと思います。

これもいろんな知育をはじめたからですかね？　子どもの才能を伸ばすのは、親の役割ですね。いまは本当にそう思います。これから二人がどんな大人に育ってくれるのか、楽しみです。

# 今すぐ通いたい知育スクール

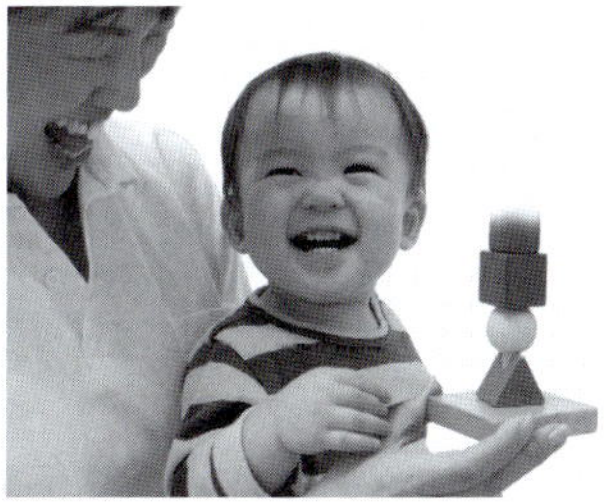

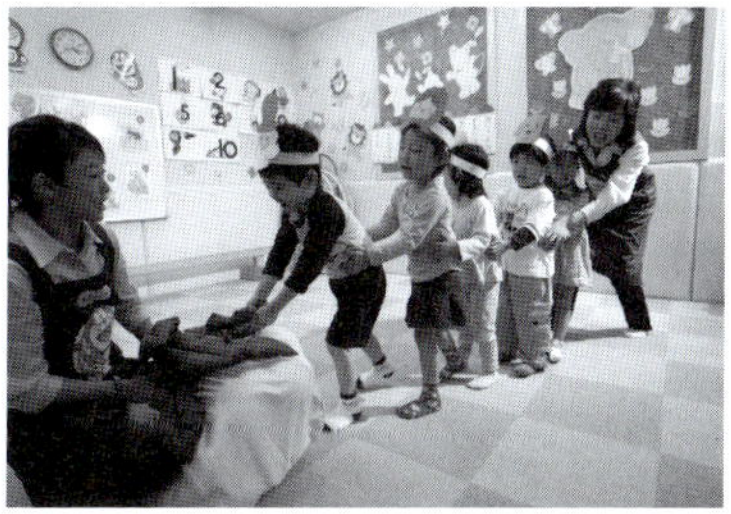

まだ知育をしたことがないけど、ぜひやってみたいと思っている人もいると思います。

本書をガイドにして、興味のある知育法を試してもらっても良いですが、

せっかくならプロに教育してもらいたい、お友だちと一緒に習いたいというママもいるでしょう。

そこで、“通うならここ！”という、おすすめの知育スクールを厳選して、ご紹介します。

スクールに通うと、同じ月齢の子どもを抱えるママ友ができるというメリットもあります。

全国各地にスクールを構えているところもあるので、内容はもちろんのこと、

目的、予算や頻度、場所などを考慮して、通わせたいスクールを探してみては？

# 七田チャイルドアカデミー

## 右脳と左脳をバランス良く育む「七田式教育」

右脳教育の第一人者である七田眞さんの子育て教育法「七田式教育」を学ぶことができるのが、七田チャイルドアカデミーです。全国約460カ所に教室があり、ひらめきや創造力など直感的な働きをする右脳と、言語や分析など論理的な思考をつかさどる左脳をバランス良く発達させる教育を目的にしているのが、特徴です。

また七田チャイルドアカデミーでは、親と子が一緒に成長することを目指しており、基本的に親子で受講します。プログラムの内容は、月齢や発育によって変わり、幼児コースも「0・1歳クラス」「2・3歳クラス」「年少・年中クラス」「年長クラス」の大きく4つのコースに分かれています。

レッスンはテンポ良く進み、子どもたちが学ぶことが楽しいと感じる工夫を取り入れたプログラムや教材を使って行われるため、集中力が続かない・飽きっぽい子どもでも、無理なく続けられます。

幼児コースの「0・1歳クラス」では、ママと赤ちゃんが一緒になってスキンシップをしたり、絵のカードを高速で見せる「フラッシュカード」、遊びながら知育を育む「指先トレーニング」などを行います。また幼児コースの「2・3歳クラス」では、ひと目見たものを映像として記憶し、手元で再現する「瞬間写真記憶」や、言葉を覚えるため「語りかけ」「絵本読み」などを行っていきます。

また「胎教コース」のほか、音楽の楽しさを学び絶対音感が身につく「音楽コース」や国際社会で活躍するための英語力が身につく「英語コース」などもあります。

| | |
|---|---|
| コース名 | ① 幼児コース「0・1歳クラス」　② 幼児コース「2・3歳クラス」 |
| 対象年齢 | ① 0歳～1歳　② 2歳～3歳　※小学生コースも |
| 頻度 | 年43回 |
| エリア | 全国約460カ所 |
| 入会金 | 15,750円・21,000円（地域により異なる） |
| 月謝 | 受講料14,700円（もしくは12,600円）＋教室維持費2,100円＋教材費（実費） |

# リトミック研究センターが主催するリトミック教室

## 指導ノウハウを身につけた講師による理論に裏付けされた本物のリトミック

リトミックという言葉をよく耳にするようになってきました。しかし、「リトミック」と名称がついているものの、ただのダンス教室のようなところもあります。

実はリトミックには確立された指導理論があり、“音楽遊び”のひとつひとつにも、すべて理論で裏づけされた意味が込められています。そのため、遊び方を指導する講師には、正しい知識と技術が求められます。

リトミック研究センターが主催するすべてのリトミック教室では、リトミックを幼児教育の学問として学び、研鑽し、指導ノウハウをしっかりと身につけた指導資格の取得者が講師をします。

教室の内容は学齢により異なり、「1歳6カ月」からのコースでは、ママと一緒に、心地よい音楽の中で反応しながら、徐々にお友だちとの触れあいを経験していきます。1歳児に合った音量で、いろいろな音を経験し、リズム遊びの刺激によって感性を育み、脳の発育をうながします。続く2歳児では、ママの膝の上から少しずつ離れ、友だちとの交流が多くなっていきます。音楽に即時的に反応しながら、自分の表現を楽しみ、即、次の行動へと移っていく力を育みます。また、言葉とリズムの関係を理解し、自由なリズム表現をします。

そして、『どうして』『なんで』の言葉が多くなってくる3歳児向けには、1から10を数えたりして、数の概念形成をしたり、言葉のリズムを打ったりステップしたりしながら、音楽のリズムを体感させていきます。

| | |
|---|---|
| コース名 | こどものためのリトミック |
| 対象年齢 | 1歳6カ月～5歳 |
| 頻度 | 年42回 |
| エリア | 全国約1,200カ所 |
| 入会金 | 5,250円（地域や教室により異なる） |
| 月謝 | 受講料6,300円（地域や教室により異なる）<br>＋チャイルドクラブ会費630円 |

# ヤマハ音楽教室

## 音楽の楽しさを体感し、表現する意欲を育んでいく

50年以上の長い歴史と実績を持つ「ヤマハ音楽教室」では、楽器の演奏技術のみの指導に偏らない独自のメソッドによる音楽教育を行っています。「きく」「うたう」「ひく」「よむ」「つくる」といった要素を総合的に学んでいくことで、音楽の美しさを感じる心や、自分の気持ちを音楽で自由に表現できる能力を育んでいきます。そして、子どもの心身の発達の度合いに応じて、伸びる時期に伸びる力を育むことをモットーにしています。レッスンはグループで行われるため、お友だちからの刺激を受けながら、音楽の総合的な理解を深め、社会性や協調性、表現意欲を身につけていくことができます。

1歳児を対象としたコース「おとのおもちゃばこ」では、スキンシップを重視して、音楽を通じた親子のコミュニケーションをうながします。

好奇心が旺盛で身体を動かすのが大好きな2歳児には、「赤りんごコース」で美しい音楽と楽しくふれあいながら、表現力や積極性、協調性を学んでいきます。

そして、3歳児を対象にした「おんがくなかよしコース」では、イメージを広げながら音楽を聴いたり、歌ったり、鍵盤にふれてみたりします。質の高い本物の音楽やアートにふれることで、その感動を親子で共有し、豊かな感性を育んでいきます。

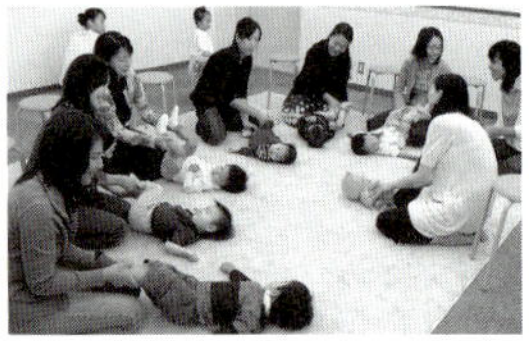

| | |
|---|---|
| コース名 | ① おとのおもちゃばこ　② 赤りんごコース　③ おんがくなかよしコース |
| 対象年齢 | ① 1歳　② 2歳　③ 3歳 |
| 頻度 | ① 月2回　② 月3回（または2回）　③ 月3回 |
| エリア | 全国約4,500カ所 |
| 入会金 | 教室により異なる |
| 月謝 | ① 受講料3,150円＋施設費・教材費は別途<br>② 受講料4,725円～＋施設費・教材費は別途（月3回の場合）<br>③ 受講料4,725円＋施設費・教材費は別途 |

# めばえ教室

## 独自の教材を使って、楽しく遊びながら知能を伸ばす

昭和54年創立のめばえ教室では、楽しく遊びながら知能を伸ばし、子どもの「やる気」と「可能性」の芽を育てる教育を行っています。ひとり一人を理解し、より密接なコミュニケーションをはかるために、少人数制を採用。保育士資格、幼稚園教諭・他教員免許などを持ち、知能教育の専門研修を修了した経験豊富な先生が、クラスを担当します。教室では、ものの形・位置・方向、数・音・色、そして言葉の意味など、子どもの成長に必要な刺激をバランスよく体験できるカリキュラムを行っています。また個々の発達段階、興味に応じて、遊び方に広がりや深さをもったオリジナル教材を使用しているのも特徴です。

教材は、毎回持ち帰るので、家庭でもくりかえし親子で楽しく遊ぶことができるといいます。くりかえすことで、子どもは楽しい発見を積み重ね、力を確実に自分のものにしていくのです。

コースは全部で7コースあるのですが、親子で楽しみながら学べる1歳児クラスの「にこっとクラブ」では、ママとの遊びを通してやさしい心と個性・知能を学んでいきます。マネ・模倣の時期である2歳児には「プレめばえコース」で、さまざまな経験を通じて、世界を広げていきます。そして、3歳児向けの「めばえコース」では、自由な発想を楽しみ、あらゆる方向性から受け止めていく力を養います。

また1歳から学べる英会話コースもあります。

| | |
|---|---|
| コース名 | ① にこっとクラブ　② プレめばえコース　③ めばえコース |
| 対象年齢 | ① 1歳　② 2歳　③ 3歳 |
| 頻度 | ① 月3回　② 週1回（年42回）　③ 週1回（年42回） |
| エリア | 全国約260カ所 |
| 入会金 | ① なし（2歳コース進級の際に2,100円）　② 5,250円　③ 5,250円 |
| 月謝 | ① 6,090円　② 6,090円　③ 6,090円 |

| 脳 | 学習 | 音楽 | 絵画 | 英語 | 運動 | HP http://www.hanamarugroup.jp/

# 花まる学習会

### 論理的な考え方や国語力を鍛えて、たくましく生きる子どもに。

　年中（4歳）からが対象年齢の教室ですが、花まる学習会も人気の知育教室です。数理的な思考力、読書と作文を中心とした国語力、そして野外体験の3つを柱にした教室で、生きる力を育てることを目的にしています。なかでも「算数脳」（P.120 参照）と呼ばれる、論理的に考える"詰める力"と問題点を見極める"見える力"の開発に力を注いでいます。

　飽きっぽく、集中力が続きにくい子どもたちのことを考えて、空間図形や平面図形などを題材としながらも、「声を出す」といったゲーム性を取り入れた学習法を実践しているのも、花まる学習会がユニークな点です。遊びながら学ぶことで、子どもたちは学ぶ喜びを感じ、勉強することがきちんと習慣になっていくと言います。勉強が習慣になれば、その後の学力も飛躍的に伸びていきます。

　年中コースでは、絵具や食塩水、アルミホイルなど日常生活にあるものを使った遊びのなかから、創造力を育んだり、古典の素読や数唱を通じて、言葉や数のお勉強をしていきます。

　続く年長コースでは、自宅でも実践できるような文字や数字の学習は最小限度にとどめ、イメージ力を養い、実験しながら考えることが好きになれるような、"思考実験、思考体験学習"を中心に授業が行われます。

　幼児期に伸びるといわれる空間認識力を育むため、ただ紙に文字を書くようなお勉強ではなく、立体を作り上げるような学習を行うのも、花まる学習会の特徴です。

| コース名 | ① 年中コース　② 年長コース |
|---|---|
| 対象年齢 | ① 4歳　② 5歳 |
| 頻度 | 週1回（年42回） |
| エリア | 東京・神奈川・埼玉など、関東を中心に62カ所 |
| 入会金 | 7,350円 |
| 月謝 | 7,350円（別途教材費9,450円と教具費3,150円） |

## 参考文献


『赤ちゃんの脳を育む本』（久保田競／主婦の友社／2007）

『2～3才からの脳を育む本』（久保田競／主婦の友社／2009）

『天才脳をつくる0歳教育』（久保田競／大和書房／2009）

『6歳までにわが子の脳を育てる90の方法』（脳科学と子育て研究会／講談社／2007）

『幼児の育脳教育』（久保田競・久保田カヨ子／城南進学研究社／2008）

『0歳からの子どもの脳の育て方』（七田眞／中経出版／2006）

『家庭でできるシュタイナーの幼児教育』（ほんの木／2005）

『赤ちゃんの遊びBOOK』（小西行郎・小西薫・齊藤恵／海竜社／2006）

『幼児教育と脳』（澤口俊之／文藝春秋／1999）

『「できる子」の親がしている70の習慣』（七田眞／PHP研究所／2005）

『子どもの知力を伸ばす300の知恵』（七田眞／PHP研究所／2004）

『赤ちゃん学を知っていますか？』（産経新聞「新赤ちゃん学」取材班／新潮社／2006）

『子どもの脳の発達　臨界期・敏感期』（榊原洋一／講談社／2004）

『ヨコミネ式 子供が天才になる4つのスイッチ』（横峯吉文／日本文芸社／2009）

『0歳からはじめる教育の本3』（宝島社／2009）

『どの子ものびる運動神経ー幼児編』（白石豊・広瀬仁美／かもがわ出版／2003）

『すぐれた脳に育てる』（久保田競・久保田カヨ子／BL出版／2002）

『赤ちゃんは運動の天才』（グレン・ドーマン／サイマル出版社／1993）

『天才は10歳までにつくられる』（横峯吉文／ゴルフダイジェスト社／2007）

『ママ、ひとりでするのを手伝ってね！』（相良敦子／講談社／1985）

『3～6歳 キレない子ども 集中力のある子どもに育つ　脳をきたえる「じゃれつき遊び」』（正木健雄・井上高光・野尻ヒデ／小学館／2004）

『言葉の発達に差がつく！ 語りかけ育児 実践ルール』（汐見稔幸・高取しづか／宝島社／2009）

『お母さんの工夫 モンテッソーリ教育の手がかりとして』（相良敦子・田中昌子／文藝春秋／2004）

『七田式子育て理論36年の法則 頭のいい子を育てる「語りかけ」と「右脳遊び」』（七田眞／講談社／2004）

『幼児保育ー子どもが主体的に遊ぶために』（吉本和子／エイデル研究所／2003）

## INDEX